M. Hammer

Nimm Gott beim **Wort**

Nimm Gott beim Wort

Eine Herausforderung für dich und mich

C.H. Mackintosh

Beröa-Verlag, CH-8038 Zürich

Die Bibelzitate sind der überarbeiteten Elberfelder-Übersetzung (Edition CSV-Hückeswagen) entnommen.

 www.beroea.ch
Druck: BasseDruck Hagen 295
ISBN 978-3-909337-95-8

Inhalt

Seite

UNSERE GLAUBENSBEZIEHUNG ZUM HERRN JESUS

Frieden mit Gott

> ***Wir glauben an den, der Jesus, unseren Herrn, aus den Toten auferweckt hat, der unserer Übertretungen wegen hingegeben und unserer Rechtfertigung wegen auferweckt worden ist. Da wir nun gerechtfertigt worden sind aus Glauben, so haben wir Frieden mit Gott*** *(Römer 4,24 – 5,1).*

Wer sein Vertrauen auf den Herrn Jesus und sein vollbrachtes Erlösungswerk setzt, findet in dieser Bibelstelle die feste, unerschütterliche und ewige Grundlage seines Friedens mit Gott: Jesus Christus ist für unsere Übertretungen hingegeben worden.

Wir wollen diese Tatsache genau untersuchen, und zwar anhand von drei Fragen:

- Wer wurde hingegeben?
- Wer hat Ihn hingegeben?
- Weshalb wurde Er hingegeben?

Alle drei Punkte sind wichtig, damit wir den Frieden mit Gott geniessen können.

Wer wurde hingegeben?

Es ist Jesus Christus, der Heilige, der ewige Sohn Gottes,

- der das höchste Wohlgefallen Gottes besitzt und
- seit ewigen Zeiten im Schoss des Vaters ist.

Es ist aber auch Der,

- der in der Fülle der Zeit im Körper der Jungfrau Maria vom Heiligen Geist gezeugt und empfangen wurde,
- der nach seiner Geburt in der Krippe in Bethlehem lag,
- der im Jordan getauft und in der Wüste versucht wurde,
- der im Garten Gethsemane auf den Knien lag,
- der gekreuzigt wurde, gestorben ist, begraben wurde und
- der jetzt im Himmel zur Rechten Gottes thront.

Wer hat Ihn hingegeben?

Zwei Bibelstellen geben die Antwort:

> ***Doch dem Herrn gefiel es, ihn zu zerschlagen*** *(Jesaja 53,10).*
>
> ***Den, der Sünde nicht kannte, hat er für uns zur Sünde gemacht*** *(2. Korinther 5,21).*

Gott hat es getan! Es würde niemals genügen, wenn wir sagten: «Wir legen unsere Sünden auf Jesus Christus.» Wenn es wirklich so wäre, dass *wir* unsere Sünden auf den Heiland legen müssten, dann bekämen wir nie Frieden mit Gott. Wir würden nämlich entdecken, dass wir das ganze Ausmass unserer Sünden, die Schwere der Schuld und den wirklichen Umfang unseres Schuldenberges vor Gott gar nicht kennen. Aber Gott weiss das alles. Damit ich Frieden mit Gott haben und geniessen kann, muss ich wissen, dass Er, den ich durch meine Sünden verunehrt habe, jetzt im Werk seines Sohnes ruht. Denn Dieser hat durch seinen Opfertod Gottes heiligen Forderungen vollkommen entsprochen.

Gepriesen sei sein Name! Gott ist verherrlicht und seine gerechten Forderungen sind erfüllt! Er selbst hat unsere Sünden nach dem Urteil seiner absoluten Heiligkeit auf den göttlichen Sündenträger gelegt. Um Frieden mit Gott zu haben, müssen wir einfach dem Wort Gottes glauben und allein im Erlösungswerk von Christus ruhen. Sein Opfertod ehrt Gott und genügt seinen Ansprüchen. Darum dürfen auch wir darin zur Ruhe kommen.

Weshalb wurde Er hingegeben?

Wegen unserer Übertretungen! Der Heiland nahm unsere Stelle vor Gott ein und empfing vom höchsten Richter die Strafe für das, was wir verdient haben. Unsere ganze Schuld, alle unsere Übertretungen und Ungerechtigkeiten wurden auf Den übertragen, der keine Sünde kannte. Der Eine, dessen ganzes Leben auf der Erde zur Freude Gottes war, wurde wegen unserer Übertretungen in den Tod gegeben. Die Tatsache, dass unsere Sünden damals noch zukünftig waren, ändert für Gott nichts. Für Ihn – der ausserhalb von Raum und Zeit steht – gibt es weder Vergangenheit noch Gegenwart noch Zukunft.

Alle unsere Sünden wurden auf Jesus Christus gelegt und für immer beseitigt. Sie sind aus dem Blickfeld Gottes verschwunden. An ihrer Stelle steht nun nichts anderes vor Gott als Christus, der sie getragen und für immer ausgetilgt hat, und dann unserer Rechtfertigung wegen auferweckt worden ist.

Warum hat Gott Ihn auferweckt? Weil Christus durch das Beseitigen unserer Sünden Gott verherrlicht hat! Darum hat Gott Ihn aus den Toten auferweckt und Ihn mit Ehre und Herrlichkeit gekrönt. Eine herrliche und wertvolle Wahrheit! Christus – einst am Kreuz von Gott verlassen, weil unsere Sünden auf Ihm lagen – sitzt jetzt von Gott geehrt auf dem Thron, weil unsere Sünden weggetan sind.

Was muss ein sündiger Mensch tun, um Frieden für sein Gewissen zu bekommen? Die Antwort ist so einfach, wie nur Gott sie geben kann: Der Sünder muss dem

Wort Gottes glauben und seine Botschaft ins Herz aufnehmen.

Gott ist durch Christus – durch Ihn allein – völlig zufriedengestellt worden. Wer sich nur auf Ihn und sein Werk stützt, der hat Frieden mit Gott.

Unsere Glaubensbeziehung zum Herrn Jesus

Vollkommen

Das Wort «vollkommen» kommt im Neuen Testament mehrmals vor und hat mindestens drei Bedeutungen.

Vollkommen wie der himmlische Vater

> ***Ihr nun sollt vollkommen sein, wie euer himmlischer Vater vollkommen ist*** *(Matthäus 5,48).*

Der Zusammenhang zeigt, dass sich der Ausdruck «vollkommen» hier auf die Art unserer Lebensführung bezieht. Denn wir lesen kurz vorher: «Liebt eure Feinde und betet für die, die euch verfolgen, damit ihr Söhne eures Vaters werdet, der in den Himmeln ist; denn er lässt seine Sonne aufgehen über Böse und Gute und lässt regnen über Gerechte und Ungerechte.» «Vollkommen sein» hat hier also den Sinn, dass wir mit allen, selbst mit denen, die uns beleidigen und gegen uns feindlich eingestellt sind, nach dem Grundsatz der Gnade handeln. Ein Christ, der sich in Prozesse und Streitigkeiten einlässt, um sein Recht durchzusetzen, ist nicht «vollkommen wie sein Vater». Während er auf sein Recht pocht, handelt sein himmlischer Vater gnädig.

Es geht hier nicht um die Frage, ob es recht oder unrecht ist, mit Menschen aus der Welt vor Gericht zu gehen (handelt es sich um «Brüder», so ist es nach 1. Korinther 6 entschieden falsch). Es stellt sich vielmehr die Frage: Handelt ein Christ in Übereinstimmung mit seinem Vater, wenn er sich vor Gericht für sein Recht einsetzt? Die Antwort lautet: Nein, sein Verhalten ist dem seines Vaters diametral entgegengesetzt. Gott geht jetzt nicht mit der Welt ins Gericht. Er sitzt jetzt nicht auf einem Richterstuhl, sondern auf einem Gnadenthron. Noch begegnet Er denen in Güte, die in der Hölle ihren Platz finden würden, wenn Er mit ihnen ins Gericht ginge. Deshalb ist klar: Ein Christ, der seine Mitmenschen vor Gericht zieht, ist nicht vollkommen, wie sein Vater im Himmel!

Das Gleichnis vom unbarmherzigen Knecht in Matthäus 18,21-35 belehrt uns zudem: Jeder, der sein Recht behaupten will, kennt weder den wahren Charakter noch die Wirkung der Gnade. Dieser Knecht war nicht ungerecht, als er seine Forderung an den Mitknecht stellte, aber er war unbarmherzig. Er war seinem Herrn überhaupt nicht ähnlich. Eine Schuld von 10'000 Talenten war ihm erlassen worden. Trotzdem konnte er seinen Mitknecht wegen 100 lumpiger Denare packen und würgen. Was war die Folge? Er wurde den Peinigern überliefert. Obwohl er selbst Gottes Gnade erfahren hatte, hatte er kein Empfinden dafür. Weil er sein Recht behauptete, musste er bittere Früchte ernten. Er wird ein «böser Knecht» genannt, und zwar nicht weil er 10'000 Talente schuldete, sondern weil er die 100 Denare nicht erlassen wollte. Dieses Gleichnis redet ernst zu allen Christen, die sich in Prozesse verwickeln und anderen nicht vergeben wollen. Am Schluss erklärt der Herr: «Also wird auch mein himmlischer Vater euch tun, wenn ihr nicht jeder seinem Bruder von Herzen vergebt.» Damit stellt Er für Christen den Grundsatz auf: Jeder, der nach dem Massstab der Gerechtigkeit handelt, wird das Bewusstsein der Gnade verlieren!

Ein vollkommenes Gewissen

> ***Der Weg zum Heiligtum ist noch nicht offenbart, solange die vordere Hütte noch Bestand hat, was ein Gleichnis auf die gegenwärtige Zeit ist, nach dem sowohl Gaben als auch Schachtopfer dargebracht werden, die dem Gewissen nach den nicht vollkommen machen können, der den Gottesdienst ausübt*** *(Hebräer 9,8.9).*

> ***Wie viel mehr wird das Blut des Christus, der durch den ewigen Geist sich selbst ohne Flecken Gott geopfert hat, euer Gewissen reinigen von toten Werken, um dem lebendigen Gott zu dienen!*** *(Hebräer 9,14).*

In Hebräer 9 begegnen wir einer anderen Bedeutung des Wortes «vollkommen». Auch hier ergibt sich der Sinn aus dem Zusammenhang: Es handelt sich um die Vollkommenheit des Gewissens.

Der Anbeter unter dem Gesetz konnte nie ein vollkommenes Gewissen haben, und zwar aus dem einfachen Grund, weil er nie ein vollkommenes Opfer besass. Weder das Blut eines Stiers noch eines Bockes konnte die Sünden wegnehmen. Sein Wert war nur für eine Zeit, jedoch nicht für immer, so dass dieses Blut nie ein vollkommenes Gewissen geben konnte.

Jetzt aber besitzt der schwächste Gläubige das Vorrecht, ein vollkommenes Gewissen zu haben. Warum? Ist er besser als der Anbeter unter dem Gesetz? Nein, aber er hat ein besseres Opfer: Das Opfer des Herrn Jesus ist vollkommen, und zwar für immer. Darum ist auch das Gewissen des Gläubigen für immer vollkommen.

> ***Mit einem Opfer hat er auf immerdar die vollkommen gemacht, die geheiligt werden*** *(Hebräer 10,14).*

Ein unvollkommenes Gewissen bei einem Christen wäre eine Unehre für das Erlösungswerk des Herrn Jesus. Es würde bedeuten, dass dieses Opfer in seiner Wirkung nur zeitlich, nicht aber ewig wäre. Dadurch würde sein Opfertod auf die Stufe der jüdischen Opfer erniedrigt.

Wir wollen noch auf den Unterschied zwischen der «Vollkommenheit im Fleisch» und der «Vollkommenheit des Gewissens» hinweisen. Wer sich das erste anmasst, ist überheblich. Wer das zweite verneint, verunehrt den Herrn Jesus und sein Werk am Kreuz. Jedes Kind Gottes kann ein vollkommenes Gewissen besitzen, während selbst ein Apostel Paulus weder «vollkommenes Fleisch» hatte noch haben konnte. Das Fleisch wird in der Bibel nicht als etwas dargestellt, das vollkommen gemacht, sondern das gekreuzigt werden sollte. Der Unterschied ist weitreichend. Als Erlöste haben wir die Sünde in uns, aber keine Sünden auf uns. Warum? Weil Christus, der keine Sünde in sich hatte, unsere Sünden auf sich nahm, als Er am Kreuz hing!

Vollkommen oder geistlich erwachsen sein

> ***So viele nun vollkommen sind, lasst uns so gesinnt sein*** *(Philipper 3,15).*

Hier geht es nicht um die Vollkommenheit, die jeder Gläubige aufgrund des Opfers des Herrn Jesus vom Augenblick seiner Bekehrung an besitzt (Hebräer 10,14). An dieser Stelle ist «vollkommen» gleichbedeutend mit «erwachsen sein». Es ist klar, dass jemand, der am Anfang seines Glaubensweges steht, in diesem Sinn noch nicht vollkommen ist. Aber diese Vollkommenheit kann erworben werden. Sie ist das Kennzeichen der Väter in Christus, die in jeder Hinsicht am Herrn

Jesus genug haben. Er ist ihr Heiland. Er ist ihr Lebensinhalt. Für Ihn leben sie. Er ist das herrliche Ziel, dem sie mit ihrer ganzen Kraft und Energie entgegeneilen. Die in Philipper 3 erwähnte Vollkommenheit haben all jene erreicht, die ihre neue, unveränderliche Stellung in Christus durch den Glauben eingenommen haben und ganz von Christus erfüllt sind, weil Er ihnen alles bedeutet.

Unsere Glaubensbeziehung zum Herrn Jesus

Jonathan

> ***Die Seele Jonathans verband sich mit der Seele Davids; und Jonathan liebte ihn wie seine Seele. Und Saul nahm ihn an jenem Tag zu sich und liess ihn nicht in das Haus seines Vaters zurückkehren. Und Jonathan und David schlossen einen Bund, weil er ihn liebte wie seine Seele. Und Jonathan zog das Oberkleid aus, das er anhatte, und gab es David, und seinen Waffenrock und dazu sein Schwert und seinen Bogen und seinen Gürtel*** *(1. Samuel 18,1-4).*

Hier wird ein schönes Gemälde vor unsere Blicke gestellt! Die Liebe legt ihre Gewänder und ihre Ausrüstung ab, um sie dem anzuziehen, dem ihre Zuneigung gilt.

Zwischen Saul und Jonathan zeigt sich bei dieser Gelegenheit ein grosser Unterschied: Saul nahm David mit nach Hause, um sich selbst zu verherrlichen. Er ehrte sich selbst, indem er diesen Helden in seine Reihen aufnahm. Jonathan aber zog sich selbst aus, um David zu bekleiden und zu ehren. Das war Liebe in ihrer ausdrucksstärksten Form!

Jonathan hatte zusammen mit den Soldaten Israels in atemloser Spannung den Ausgang des Kampfs mit Goliath verfolgt (1. Samuel 17). Er hatte David ausziehen sehen, um diesem schrecklichen Feind zu begegnen, dessen Grösse, Kraft und prahlerischen Worte die Herzen des Volkes mit Schrecken erfüllte. Er hatte weiter zugeschaut, wie jener hochmütige Riese durch die Hand des Glaubens zu Boden gestreckt worden war. Schliesslich hatte er mit dem Volk an diesem glänzenden Sieg teilgenommen.

Doch das war nicht alles. Es war nicht bloss der Sieg, der das Herz Jonathans erfüllte, sondern die *Person* des Siegers. Es ging ihm nicht nur um das vollbrachte Werk, sondern um den, der es vollbracht hatte. Jonathan begnügte sich nicht damit, zu sagen: «Gott sei Dank! Der Riese ist tot. Wir sind gerettet und können erleichtert nach Hause ziehen und uns über den Sieg freuen.» Nein, er fühlte sich von der Person des Siegers angezogen. So verband sich seine Seele mit der Seele Davids. Nicht als ob er den Erfolg weniger geschätzt hätte, aber er schätzte den Sieger höher als den Sieg. Deshalb zog er mit Freude seine Kleider und Waffen aus und gab sie David, den er liebte.

In dieser einfachen Geschichte liegt eine Belehrung für uns, aber auch ein ernster Tadel. Wir neigen dazu, uns mehr mit unserer Errettung zu beschäftigen als mit dem Erretter! Wir befassen uns mehr mit dem Heil als mit dem Heiland, der es um den Preis seines kostbaren Lebens erworben hat! Gott will zwar, dass wir uns über die Errettung freuen, darüber besteht kein Zweifel. Aber sollen wir dabei stehen bleiben? Sollten wir nicht auch bereit sein, uns «auszuziehen», um Den zu verherrlichen, der für uns in den Staub des Todes hinabstieg? Er ist es wirklich wert, dass wir uns Ihm hingeben mit allem, was wir sind und haben. Für Ihn darf uns nichts zu wertvoll, nichts zu teuer sein. Und dies vor allem, weil Er gar nichts von uns fordert!

David bat Jonathan nicht um seinen Waffenrock oder um sein Schwert. Hätte er es getan, so würde er die ganze Handlung ihrer Schönheit beraubt haben. Aber nein, es war eine durchaus freiwillige Tat von Jonathans Liebe. Er vergass sich selbst und dachte nur an David. So sollte es auch mit uns im Blick auf Christus, den wahren David, sein. Die Liebe findet ihre Freude daran, sich für Den, den sie liebt, «auszuziehen».

> ***Was irgend mir Gewinn war, das habe ich um Christi willen für Verlust geachtet; ja wahrlich, ich achte auch alles für Verlust wegen der Vortrefflichkeit der Erkenntnis Christi Jesu, meines Herrn, um dessentwillen ich alles eingebüsst habe und es für Dreck achte, damit ich Christus gewinne*** *(Philipper 3,7.8).*

O Gott, gib uns mehr von diesem Geist! Mögen unsere Herzen in einer Zeit von hohlen Bekenntnissen und leeren Formen mehr und mehr zu Christus hingezogen werden und sich mit Ihm verbinden! Mögen wir so mit dem Heiligen Geist erfüllt sein, dass wir mit echtem Herzensentschluss unserem Herrn und Heiland anhangen!

Unsere Glaubensbeziehung zum Herrn Jesus

Ein Herz für Christus

In Matthäus 26 werden uns verschiedene Herzen offenbart:

- das Herz der Hohenpriester, der Ältesten und der Schriftgelehrten,
- das Herz von Petrus,
- das Herz von Judas und
- schliesslich noch ein besonderes Herz, das sich von allen anderen unterscheidet: das Herz jener Frau, die ein Alabasterfläschchen mit sehr kostbarem Salböl brachte, um den Leib des Herrn Jesus zu salben.

Diese Frau hatte ein Herz für Christus. Ihre Augen waren für seine Herrlichkeit geöffnet worden. Deshalb fand sie nichts zu wertvoll und nichts zu schade, um es für Ihn zu verwenden.

Indem wir die Hohenpriester, Ältesten und Schriftgelehrten überspringen, wollen wir für einen Augenblick das Herz dieser *Frau* im Gegensatz zum Herzen von *Judas* und von *Petrus* betrachten.

Das Herz von Judas

Judas war ein habsüchtiger Mann. Er liebte das Geld. Er hatte zwar das Evangelium gepredigt. Er hatte den Herrn Jesus während seines öffentlichen Dienstes begleitet. Er hatte seine Worte gehört, seine Wege gesehen, seine Güte erfahren. Aber leider hatte er kein Herz für Christus, obwohl er ein Prediger des Evangeliums, ein Apostel und Gefährte von Jesus gewesen war. Er hatte ein Herz für das Geld. Beim Gedanken an einen Gewinn schlug sein Herz höher. Sobald es sich um Geld handelte, wurde er sehr aktiv. Die tiefsten Regungen seines Herzens wurden durch das Geld aufgewühlt. Das Portemonnaie war sein nächster und liebster Begleiter. Satan kannte diese besondere Begierde von Judas. Er wusste, wie er diesen Mann kaufen konnte. Er verstand es, ihn zu versuchen und zu gebrauchen. Welch ernster Gedanke!

Die Stellung von Judas machte ihn für Satan besonders geeignet. Sein vertrauter Umgang mit Jesus war eine ideale Voraussetzung, um Ihn in die Hände seiner Feinde zu spielen. Reines Kopfwissen von biblischen Wahrheiten, ohne dass das Herz berührt wird, macht einen Menschen erschreckend gefühllos, weltlich und böse. Die Hohenpriester und Schriftgelehrten in Matthäus 2 kannten die alttestamentlichen Schriften bestens, hatten aber kein Herz für Christus. Sie konnten sofort die prophetischen Bücher aufrollen und die Stelle finden, in der geschrieben stand:

Du, Bethlehem, Land Juda, bist keineswegs die Geringste unter den Fürsten Judas; denn aus dir wird ein Führer hervorkommen, der mein Volk Israel weiden wird *(Matthäus 2,6; Micha 5,1-3).*

Das war alles gut und wahr. Aber sie besassen kein Herz für diesen «Führer», hatten keine Augen, um Ihn zu sehen. Sie wollten Ihn nicht. Sie kannten die Schriften gut. Es wäre ihnen zweifellos peinlich gewesen, wenn sie die Frage von Herodes nicht hätten beantworten können. Für Männer von ihrem Rang wäre es eine Schande gewesen, Unwissenheit zugeben zu müssen. Aber sie hatten kein Herz für Christus, und stellten deshalb ihre Bibelkenntnisse einem gottlosen König zur Verfügung. Dieser benutzte sie, um wenn möglich den wahren Erben des Thrones umzubringen. Soviel zu *Kopfwissen* ohne *Herzensliebe.*

Auf keinen Fall wollen wir die Bedeutung von Bibelkenntnis schlecht machen. Denn echte Erkenntnis der biblischen Gedanken wird das Herz zu Jesus führen. Mit blosser Kenntnis des Buchstabens der Schrift kann man vielleicht Kapitel um Kapitel rezitieren, ja, sogar eine Art wandelnde Konkordanz sein, aber gleichzeitig für Christus ein kaltes und gefühlloses Herz haben. Eine solche Erkenntnis wird einen Menschen nur noch mehr zum Werkzeug Satans machen, wie dies im Fall der Hohenpriester und Schriftgelehrten geschah. Herodes hätte sich nicht an unwissende Leute gewandt, um eine Auskunft zu erhalten. Der Teufel bedient sich nie unwissender oder dummer Menschen, um gegen Gottes Wahrheit vorzugehen. Nein, er findet zu allen Zeiten Gelehrte und Intellektuelle – vorausgesetzt, sie haben kein Herz für Christus.

Was bewahrte die orientalischen Sternkundigen, die gekommen waren, um dem Kind Jesus zu huldigen, vor einem Fehler? Warum konnte Herodes – warum konnte Satan – sie nicht für seinen Dienst gewinnen? Wir merken es gleich: Sie hatten ein Herz für Christus! Das war ihr Schutz! Zweifellos waren sie unwissend über die biblischen Aussagen über die Geburt von Jesus Christus. Sie hätten beim Suchen einer Stelle in den Propheten eine klägliche Figur gemacht. Aber sie suchten Jesus. Sie suchten Ihn mit Ernst, aufrichtig und eifrig. Herodes hätte nur zu gern von ihnen Gebrauch gemacht, wenn er nur gekonnt hätte. Doch Gott verhinderte es.

Die Weisen wussten nichts von einem Propheten, der vom «Führer» gesprochen hatte, und doch liess Gott sie den Weg zum «Führer» finden. Sie fanden Ihn in der Person eines in Windeln gewickelten Kindes in Bethlehem. Anstatt Werkzeuge in der Hand Herodes zu sein, wurden sie Anbeter zu den Füssen des Herrn Jesus.

Damit wollen wir nicht Unwissenheit über Gottes Wort empfehlen. Auf keinen Fall! Menschen, die das Wort nicht kennen, werden sich bestimmt schwer irren (Matthäus 22,29). Der Apostel konnte Timotheus loben:

> ***Weil du von Kind auf die heiligen Schriften kennst, die imstande sind, dich weise zu machen zur Errettung ...*** Aber er fügt dann hinzu: ***... durch den Glauben, der in Christus Jesus ist*** *(2. Timotheus 3,15).*

Echte biblische Erkenntnis wird uns immer zu den Füssen des Herrn Jesus führen. Reines Kopfwissen dagegen ohne Herzensliebe für Christus wird uns zu wirkungsvollen Agenten Satans machen.

So war es beim hartherzigen, geldliebenden Judas. Er hatte Kenntnis ohne einen Funken Zuneigung für Christus. Sein vertrauter Umgang mit Jesus machte ihn zu einem brauchbaren Instrument für den Teufel. Seine Nähe zum Herrn befähigte ihn, sein Verräter zu werden. Der Teufel wusste, dass man ihn mit 30 Silberstücken zu diesem schrecklichen Verrat seines Meisters anwerben konnte.

Denken wir daran: Es handelte sich um einen Apostel, einen Prediger des Evangeliums – einen bedeutenden Bekenner. Doch unter dem Deckmantel des Bekenntnisses lag «ein Herz, in Habsucht geübt» (2. Petrus 2,14). In seinem Herzen war ein grosser Platz für 30 Silberstücke, aber nicht eine Ecke für den Herrn Jesus. Judas predigte das Evangelium, aber er glaubte nicht daran. Er malte Sonnenstrahlen auf die Leinwand, aber er spürte ihre Wirkung nie. Er hatte ein grosses Herz für das Geld, aber kein Herz für Christus. Als «Sohn des Verderbens» erhängte er sich. Er ist eine ernste Warnung an alle bekennenden Christen, die nur Kopfwissen, formelle Frömmigkeit und mechanische Religion besitzen. Hütet euch vor rein äusserem Christentum und sucht eine Herzensbeziehung zu Christus!

Das Herz von Petrus

Das Verhalten von Petrus warnt uns vor etwas anderem. Er liebte den Herrn Jesus wirklich, aber er fürchtete das Kreuz. Er schreckte davor zurück, den Namen des Herrn vor den Feinden zu bekennen. Zuerst rühmte er sich dessen, was er tun wollte, als er nichts von sich hätte halten sollen. Dann schlief er ein, als er auf den Knien hätte wachen sollen. Anstatt zu beten, schlief er. Anstatt still zu sein, zog er das Schwert. Später folgte er Jesus von weitem und wärmte sich am Feuer des Hohenpriesters. Zuletzt fluchte und schwor er: «Ich kenne diesen Menschen nicht.» So verleugnete er seinen gütigen Meister. Das alles war schrecklich!

Wer konnte sich vorstellen, dass Petrus, der einst bezeugte: «Du bist der Christus, der Sohn des lebendigen Gottes», seinen Herrn so schmählich verleugnen würde?

Wir lernen daraus: Der Mensch ist in seinem besten Zustand wie ein verwelktes Herbstblatt. Er hat keine Beständigkeit. Die höchste Stellung, das lauteste Bekenntnis kann in der Nachfolge des Herrn mit einem totalen Versagen enden. Bestimmt hätte Petrus den Gedanken, den Herrn Jesus für 30 Silberstücke zu verkaufen, entrüstet von sich gewiesen. Trotzdem fürchtete er sich, Ihn vor einer Magd zu bekennen. Nie hätte er Ihn seinen Feinden verraten, aber er verleugnete Ihn vor ihnen. Er hat nicht das Geld geliebt, aber er versagte darin, ein Herz für Christus zu offenbaren.

Erinnere dich an die Niederlage von Petrus und hüte dich vor Selbstvertrauen! Fördere einen Geist des Gebets! Halte dich nahe zum Herrn Jesus! Halte dich vom Einfluss der Gunst dieser Welt fern!

> ***Bewahre dich selbst rein*** *(1. Timotheus 5,22)!*

Hüte dich, schläfrig und träge zu werden. Sei ernst und wachsam! Beschäftige dich mit Christus! Dort liegt der echte Schutz. Sei nicht damit zufrieden, bloss offenbare Sünden zu vermeiden. Achte nicht nur auf einen tadellosen Lebenswandel und Charakter. Pflege eine lebendige Beziehung zu Christus. Einer, der dem Herrn Jesus «von weitem folgt», ist nahe daran, Ihn zu verleugnen. Wir wollen das bedenken und einen Nutzen aus dem Fall von Petrus ziehen. Er selbst ermahnt uns später:

> ***Seid nüchtern, wacht; euer Widersacher, der Teufel, geht umher wie ein brüllender Löwe und sucht, wen er verschlinge. Dem widersteht standhaft im Glauben*** *(1. Petrus 5,8.9).*

Das sind wichtige Worte, die inspiriert durch den Heiligen Geist aus der Feder eines Mannes stammen, der den Mangel an Wachsamkeit tief büssen musste.

Welch ein Glück, dass der gnädige Herr zu Petrus vor seinem Fall gesagt hat:

> ***Ich habe für dich gebetet, damit dein Glaube nicht aufhöre*** *(Lukas 22,32).*

Er sagt nicht: «Ich habe für dich gebetet, damit du nicht fällst», sondern «damit dein Glaube nicht aufhört», wenn du gefallen bist. Welch eine unvergleichliche Gnade! Das war für Petrus eine echte Hilfe. Er selbst war ein Schuldner der Gnade vom Anfang bis zum Ende:

- als ein verlorener Sünder gegenüber dem kostbaren Blut des Herrn Jesus,
- als ein Glaubender, der sieben Mal fällt, gegenüber der tätigen Fürsprache von Christus.

Der Sachwalterdienst des Herrn Jesus war die Grundlage seiner glücklichen Wiederherstellung. Von einer solchen Fürsprache wusste Judas nichts. Nur die Menschen, die im Blut gewaschen sind, haben teil daran. Deshalb ging Judas hin und erhängte sich, während Petrus als ein wiederhergestellter Christ weiterging, um «seine Brüder zu stärken». Wer selbst die wiederherstellende Gnade des Herrn erfahren hat, ist besonders geeignet, die «Brüder zu stärken». Petrus war fähig, vor dem Volk Israel zu stehen und zu sagen: «*Ihr* habt den Heiligen und Gerechten verleugnet» (Apostelgeschichte 3,14). Er wirft ihnen genau das vor, was er selbst getan hatte. Das zeigt uns, wie vollständig sein Gewissen gereinigt und sein Herz wiederhergestellt war.

Die Frau mit dem Alabasterfläschchen

Diese Frau steht in auffallendem Gegensatz zu allen anderen da:

- Während die Hohenpriester, Ältesten und Schriftgelehrten sich *«im Hof des Hohenpriesters Kajaphas»* gegen Christus verschworen, salbte sie seinen Leib *«im Haus Simons, des Aussätzigen»*.
- Während Judas mit den Hohenpriestern einen Vertrag aushandelte, um ihnen Jesus für 30 Silberstücke zu verkaufen, goss sie den kostbaren Inhalt ihres Alabasterfläschchens aus, um Ihn zu salben.

Ein ergreifender Gegensatz! Sie war völlig gefesselt von Christus. Solche, die den Wert und die Herrlichkeit seiner Person nicht kannten, bezeichneten ihr Opfer als Verschwendung. Der Eine, der Ihn für 30 Silberstücke verkaufen wollte, schlug vor, den Gegenwert dieses Salböls «den Armen zu geben». Maria aber beachtete ihre Kritiker nicht. Der Argwohn und das Murren der Umstehenden machte ihr nichts aus. Sie fand ihr Ein und Alles in Jesus Christus. Die anderen mochten murren, sie konnte huldigen und anbeten. Der Herr Jesus war ihr mehr wert als alle Armen in der Welt. Für sie war nichts Verschwendung, was man für Ihn aufwendete. Der Herr mochte dem, der ein Herz für das Geld hatte, nur 30 Silberstücke wert sein. Ihr war Er unendlich mehr wert, weil sie ein Herz für Christus hatte.

Lasst uns diese glückliche Frau nachahmen! Wir wollen immer unseren Platz zu den Füssen des Herrn Jesus einnehmen, um seine herrliche Person zu lieben, zu bewundern, zu verehren und anzubeten. Wir wollen uns in seinem Dienst verwenden und verwendet werden, auch wenn herzlose Bekenner unseren Einsatz für blosse Verschwendung halten.

Die Zeit rückt schnell näher, in der wir nichts bereuen werden, was wir für seinen Namen getan haben. Wenn es am himmlischen Ziel Gelegenheit zu einem Bedauern gäbe, so darin, dass wir der Sache des Herrn zu wenig und zu kraftlos gedient haben. Wenn an jenem «Morgen ohne Wolken» eine einzige Schamröte unser Gesicht überziehen könnte, so deshalb, weil wir uns auf der Erde seinem Dienst nicht konsequenter gewidmet haben.

Bitten wir unseren Gott und Vater, dass Er uns *ein Herz für Christus* gebe!

Das persönliche Glaubensleben

Willst du Fortschritte machen?

Ist es dein echter Herzenswunsch, in der Gnade und in der praktischen Heiligung zu wachsen?

Dann gib Acht, dass du auch nicht *eine* Stunde mit Elementen in Berührung bist, die

- deine Hände beschmutzen,
- dein Gewissen belasten,
- den Heiligen Geist betrüben und
- deine Gemeinschaft mit Gott beeinträchtigen.

Sei fest entschlossen, und das mit ganzem Herzen! Verzichte unverzüglich auf alles Unreine, koste es was es wolle. Egal, welchen Verlust es für dich bedeutet, verlass es!

Kein weltlicher Gewinn, kein irdischer Vorteil ersetzt den Verlust eines reinen Gewissens, eines friedevollen Herzens und den Genuss der ungehinderten Gemeinschaft mit Gott, dem Vater, und Gott, dem Sohn!

Das persönliche Glaubensleben

Selbstentäusserung

Philipper 2

Es ist sehr erfrischend, die Siege des christlichen Glaubens über das «Ich» und die «Welt» zu betrachten. Das Gesetz sagte: «Du sollst ..., du sollst nicht ...». Aber das Christentum spricht eine völlig andere Sprache: Wir bekommen als eine freie Gabe von Gott *Leben* geschenkt – Leben, das von einem erhöhten und verherrlichten Christus auf uns herabfliesst.

Der christliche Glaube schenkt uns aber nicht nur göttliches Leben. Er gibt uns auch eine *Person,* mit der sich dieses Leben beschäftigen darf, und einen *Mittelpunkt,* um den es kreisen kann. Und so erringen wir als Christen Siege über die selbstsüchtige Natur in uns und über die selbstsüchtige Welt um uns.

Wir besitzen also göttliches Leben und einen göttlichen Zentralpunkt. Und in dem Mass, wie sich das Leben um diesen Mittelpunkt bewegt, werden wir vom eigenen «Ich» gelöst.

Das ist das Geheimnis der *Selbstentäusserung.* Auf keinem anderen Weg kann sie erreicht werden. Der unbekehrte, natürliche Mensch findet seinen Mittelpunkt in seinem «Ich». Man kann ihn zwar auffordern, nicht selbstsüchtig zu sein. Aber das käme der Forderung gleich: Gib deine Existenz auf! Der nicht erneuerte Mensch lebt *für sich selbst.* Er hat keinen höheren Gegenstand. Das «Ich» ist in allem sein Mittelpunkt. Er mag hochanständig, liebenswürdig, religiös oder tolerant sein – solange er nicht bekehrt ist, dreht sich sein Leben nur um sein «Ich». Einzig das Evangelium der Gnade Gottes begegnet wirklich den Bedürfnissen des Menschen und befreit ihn von der Selbstsucht.

In Philipper 2 zeichnet uns der Heilige Geist anhand einer Reihe von Beispielen ein edles Bild von echter Selbstentäusserung. Am schönsten ist das göttlich vollkommene Beispiel des Herrn Jesus. Doch wir beschäftigen uns vorab mit der Frage: Warum musste den Gläubigen in Philippi dieses Thema vorgestellt werden?

Wer diesen Brief aufmerksam liest, dem wird es nicht entgehen: Das scharfe und wachsame Auge des Apostels hat eine erste Wurzel des Bösen in der Mitte der Erlösten von Philippi entdeckt. Es ging hier nicht um die Gefahr der Aufsplitterung in Sekten und Parteiungen, wie in Korinth. Es handelte sich auch nicht um die Rückkehr zum Gesetz und zu Ritualen, wie in Galatien. Es war hier nicht das Verlangen nach Philosophie und den Elementen der Welt, wie in Kolossä. Worum ging es denn? Es war eine Wurzel des *Neides* und der *Streitsucht* bei ihnen vorhanden. Wie diese Wurzel bereits gesprosst hat, sehen wir sehr deutlich am Beispiel von Evodia und Syntyche (Philipper 4,2).

Es ist ein grosser Segen, wenn ein Arzt sowohl die Krankheit seines Patienten richtig erkennt, als auch das richtige Heilmittel verordnet. Manche erkennen die Ursache für ein Unwohlsein, sind aber unsicher bei der Medikamentenwahl. Andere wieder kennen sich zwar gut unter den verschiedenen Arzneien und ihren Wirkungen aus, können diese aber im Einzelfall nicht richtig anwenden. Doch der göttliche Arzt kennt beides – die Krankheit und das Heilmittel. Er weiss genau, wo der Schuh drückt. Er erkennt die Ursache und verordnet eine göttliche Kur. Er behandelt die Fälle keineswegs oberflächlich. Er ist vollkommen in seiner Diagnose. Er schliesst nicht anhand von oberflächlichen Symptomen auf unsere Krankheit. Nein, sein klarer Blick dringt sofort auf den Grund.

Genauso benutzt der Herr den Apostel im Brief an die Philipper. Paulus liebte sie und freute sich an ihrer Liebe zu ihm. Doch sah er auch, dass es *eine* Sache ist, den abwesenden Apostel zu lieben, und eine ganz *andere* Sache, untereinander gleich gesinnt zu sein. Zweifellos hatten sowohl Evodia als auch Syntyche etwas zur finanziellen Unterstützung des Apostels beigesteuert. Aber ihr Zusammengehen im Dienst und im täglichen Leben war nicht harmonisch.

Das ist leider kein ungewöhnlicher Fall. Viele Glaubende sind durchaus bereit, einem entfernt lebenden Diener des Herrn materiell zu helfen. Doch unter sich leben sie nicht einmütig miteinander. Wie kommt das? Es fehlt an der Selbstentäusserung! Dies ist – und davon können wir überzeugt sein – der wahre Grund für das schmerzliche Offenbarwerden von Partei- und Streitsucht in der Mitte des Volkes Gottes. Es ist *eine* Sache, allein den Glaubensweg zur Freude Gottes zu gehen. Aber es ist eine *andere* Herausforderung, in herzlicher Gemeinschaft mit unseren Glaubensgeschwistern vorwärtszugehen. Denn da gilt es, sowohl die grosse Wahrheit von der Einheit des Leibes, als auch die Tatsache, dass wir «Glieder voneinander sind», praktisch zu verwirklichen.

Christen sollten sich nicht als Einzelgänger, als unabhängige Personen betrachten. Die Bibel sagt:

> ***Da ist ein Leib*** und: ***Wir sind Glieder voneinander*** *(Epheser 4,4.25).*

Das ist eine göttliche Wahrheit, eine bedeutsame Tatsache und eine positive Wirklichkeit. Es wäre falsch, wenn jeder für sich in einsamer Individualität den Weg gehen würde. Wir sind viel mehr lebendige Glieder eines lebendigen Leibes, in dem jeder mit anderen Gliedern zu tun hat. Der Heilige Geist wohnt in jedem einzelnen Glied. Seine Gegenwart vereint alle Glieder miteinander zu einem Leib, der mit dem verherrlichten Haupt im Himmel verbunden ist.

Um diese grosse Wahrheit zu verwirklichen, ist Selbstentäusserung nötig. Wenn Evodia und Syntyche unabhängig voneinander ihren Glaubensweg hätten gehen können, wäre es nicht zum Zusammenstoss gekommen. Aber sie waren berufen, miteinander vorwärtszugehen, und dazu mussten sie das eigene «Ich» aufgeben.

Wir wollen immer bedenken, dass wir nicht Mitglieder eines *Klubs,* einer *Sekte* oder einer *Vereinigung,* sondern Glieder *eines Leibes* sind. Wir sind Glieder, die vom in uns wohnenden Geist Gottes untereinander und mit dem Haupt im Himmel verbunden worden sind.

Die praktische Verwirklichung dieser weitreichenden Wahrheit wird uns nicht nur alles kosten, was wir haben, sondern auch das, was wir sind. Im ganzen Universum gibt es keinen Platz, wo das eigene «Ich» mehr in Stücke zerschlagen wird als gerade in der Versammlung Gottes. Ist dies nicht gut so? Ist dies nicht ein mächtiger Beweis des göttlichen Bodens, auf dem die Versammlung ruht? Sollten wir uns nicht darüber freuen, wenn unser hässliches «Ich» so in Stücke zerhauen wird? Sollten wir vor denen weglaufen, die dies für uns tun? Beten wir denn nicht oft um Befreiung vom eigenen «Ich»? Und nun, sollten wir mit denen streiten, die Gott als Werkzeuge zur Beantwortung unserer Gebete benutzt? Sie führen dieses Werk vielleicht plump und ungeschickt aus. Doch was macht das? Jeder, der mir hilft, mein selbstsüchtiges «Ich» zu vernichten, tut mir doch einen guten Dienst – wie unbeholfen es auch geschehen mag. Eins ist sicher: Niemand kann uns das rauben, was wirklich wertvoll ist – Christus! Das ist ein grosser Trost. Wir wollen das eigene «Ich» dahinfahren lassen, damit wir umso mehr von Christus haben. Evodia mag die Syntyche, Syntyche die Evodia beschuldigt haben. Doch der Apostel gibt weder der einen noch der anderen recht, sondern ermahnt sie beide, «gleich gesinnt zu sein im Herrn».

Echte Selbstentäusserung – das ist das göttliche Geheimnis. Nichts zu sein und Christus zu besitzen, das ist echte Freiheit und echtes Glück!

Das persönliche Glaubensleben

Selbstverleugnung

Wer jeden Tag ein wenig Selbstverleugnung übt, kommt auf dem Weg zum Himmel viel freier vorwärts.

Dieser Ausspruch enthält eine wichtige Wahrheit für das praktische Glaubensleben. Der Weg der Selbstverleugnung ist der wahre Weg des Christen. Der Herr Jesus sagt:

> ***Wenn jemand mir nachkommen will, so verleugne er sich selbst und nehme täglich sein Kreuz auf und folge mir nach*** *(Lukas 9,23).*

Es heisst hier nicht: Er «verleugne einiges, das ihm gehört». Nein, der Jünger des Herrn wird angewiesen, *«sich selbst zu verleugnen»*. Das muss täglich trainiert werden. Jeden Morgen, wenn wir aufstehen und wieder in den Alltag gehen, steht die gleiche grosse und äusserst wichtige Aufgabe vor uns: Verleugne dich selbst!

Dieses hässliche «Ich» – nicht unsere Persönlichkeit, sondern unser Egoismus – begegnet uns auf Schritt und Tritt. Wir wissen, dass «unser alter Mensch mitgekreuzigt worden ist» – dass er tot und begraben ist. Er ist aus der Sicht Gottes entfernt. Doch das gilt für unsere Stellung in Christus, so wie Gott uns in Ihm sieht. In der Praxis muss unser «Ich» täglich, stündlich, ja, jeden Augenblick verleugnet und verurteilt werden. Der Grundsatz unserer Stellung muss sich in der Praxis auswirken. Gott sieht uns vollkommen in Christus. Wir sind nicht mehr im Fleisch. Aber das Fleisch ist in uns und muss in der Kraft des Heiligen Geistes verleugnet und für gekreuzigt gehalten werden.

Das gilt nicht nur für die groben Seiten unseres «Ichs», auch die vornehmen und gebildeten Ansätze müssen verleugnet werden. Es betrifft nicht nur die schlechten Gewohnheiten, sondern auch die kultivierten Neigungen – nicht nur das «Ich» in seiner Rauheit und Grobheit, sondern auch in seinen geschliffenen und eleganten Formen.

Das erkennt man nicht immer. Nur zu oft verschonen wir wie König Saul das, was wir für «das Beste» halten, und bringen die Schärfe des Schwertes nur über «das Geringe und Schwächliche» (1. Samuel 15,9). Doch das genügt nicht. Das «Ich» muss in der ganzen Länge und Breite verleugnet werden – nicht nur einige Zweige, auch der grosse Stamm des Baumes – nicht bloss einige Auswüchse der Natur, sondern die Natur selbst. Es ist relativ einfach, bestimmte Auswirkungen des «Ichs» zu verleugnen, während das «Ich» selbst die ganze Zeit genährt und befriedigt wird.

- Ich kann meiner Esslust widerstehen, um meinen religiösen Stolz zu nähren.
- Ich kann sogar Hunger leiden, um meine Liebe zum Geld zu kultivieren.
- Ich kann abgenutzte Kleider tragen und gleichzeitig stolz auf gediegene Möbel und eine stilvolle Wohnungsausstattung sein.

Darum müssen wir immer wieder dazu aufgefordert werden, uns selbst zu verleugnen.

Wer kann abschätzen, was im Ausdruck Selbstverleugnung alles enthalten ist? Das «Ich» betätigt sich überall. Im eigenen Zimmer, in der Familie, beim Einkaufen, auf der Strasse – überall, zu allen Zeiten und in jeder Situation. Es hat seine Neigungen und seine Gewohnheiten, seine Vorurteile und Vorlieben, seine Zuneigungen und Abneigungen. In all diesen Aspekten muss es verleugnet werden. Wir ertappen uns sogar dabei, dass wir unser eigenes Ebenbild lieben. Das muss entschlossen verleugnet werden.

Auch in unserem Glaubensleben zeigt sich das «Ich». Wir lieben die,

- die uns passen und sympathisch sind,
- die mit uns einverstanden sind und gleich denken wie wir,
- die unsere Meinung schätzen oder die Art und Weise bewundern, wie wir sie vorbringen.

Das muss alles unter die scharfe Klinge des Messers der Selbstverleugnung kommen. Ist das nicht der Fall, so werden wir einen treuen Christen nur wegen etwas verachten, das *uns nicht passt.* Oder wir rühmen einen leeren, wertlosen Charakter über alles, nur weil er einige Eigenschaften aufweist, die *uns gefallen.*

Tatsächlich gibt es unter den vielen Formen, die das «Ich» annehmen kann, keine, die so hässlich ist wie die religiöse. In diesem frommen Mantel wird es sich – anstelle des Herrn – zum Mittelpunkt einer Gruppe von Christen machen, die Zuneigungen auf diesen engen Kreis beschränken und dabei von christlicher Gemeinschaft sprechen. Weiter wird dieses religiöse «Ich» jeden von diesem verengten Kreis gewissenhaft ausschliessen, der zufällig in einem Punkt anderer Meinung ist oder einen anderen Blickwinkel hat. Es wird sich hartnäckig weigern, sich den Bedenken anderer anzupassen und diesen gegenüber nicht eine Haaresbreite nachgeben. Gleichzeitig wird es viele Wahrheiten aufgeben, um mit seinesgleichen Gemeinschaft haben zu können. Gegen diese schreckliche Entwicklung des religiösen «Ichs» müssen wir sehr wachsam sein.

Beim sorgfältigen Lesen von 1. Korinther 8 bis 10 werden wir eine wichtige Lektion über Selbstverleugnung erhalten. Den ganzen Abschnitt könnten wir mit den Worten überschreiben: «Sich selbst in jeder Hinsicht aufgeben, aber keinen Millimeter von der Wahrheit abrücken.» Das soll das Motto jedes gläubigen Christen sein. Wenn es um das «Ich» geht, gilt es, auf alles zu verzichten. Handelt es sich aber um die Wahrheit, so darf nichts preisgegeben werden.

Wir wollen einige Beispiele der Selbstverleugnung aus diesen Kapiteln erwähnen:

> ***Wenn eine Speise meinem Bruder Anstoss gibt, so will ich für immer kein Fleisch essen, um meinem Bruder keinen Anstoss zu geben*** *(1. Korinther 8,13).*

Ein edler Entschluss, den wir nur mit der Gnade Gottes durchführen können!

> ***Obwohl ich von allen frei bin, habe ich mich allen zum Sklaven gemacht, damit ich so viele wie möglich gewinne ... Ich bin allen alles geworden, damit ich auf alle Weise einige errette*** *(1. Korinther 9,19.22).*

> ***Niemand suche das Seine, sondern das des anderen*** *(1. Korinther 10,24).*

Wie gern streben wir nach dem, was uns betrifft! Doch wie schwer tun wir uns, das Wohl des anderen zu suchen!

Wenn der Apostel erklärt, dass er «allen alles geworden» ist, dann handelt es sich ausschliesslich um Selbstverleugnung und nicht um ein «Schwimmen mit dem Strom». Er war weder nachsichtig gegen sich selbst, noch gab er ein Jota der göttlichen Wahrheit auf. Aber er machte sich allen zum Knecht. Er suchte ihr Wohl und die Verherrlichung Gottes.

Darin ist er uns ein Vorbild. Bitten wir den Herrn um seine Hilfe, damit wir es nachahmen können! Wir sind berufen, nicht nur unsere Ansichten, Vorurteile und Vorlieben aufzugeben, sondern auch unsere persönlichen Rechte zum Vorteil von anderen. Das ist die tägliche Aufgabe des Christen. Wenn wir ihr nachkommen, gehen wir in den Fussstapfen des Herrn Jesus und kommen auf dem Weg zum Himmel leicht voran.

Das persönliche Glaubensleben

Selbstbeherrschung

> ***Reicht in eurem Glauben die Tugend dar, in der Tugend aber die Erkenntnis, in der Erkenntnis aber die Enthaltsamkeit, in der Enthaltsamkeit aber das Ausharren, in dem Ausharren aber die Gottseligkeit, in der Gottseligkeit aber die Bruderliebe, in der Bruderliebe aber die Liebe*** *(2. Petrus 1,5-7).*

Das Wort «Enthaltsamkeit» oder «Selbstbeherrschung» hat eine weit tiefere Bedeutung, als man ihm gewöhnlich beilegt, indem man es nur auf Essen und Trinken bezieht. Es ist eine Eigenschaft, die den kennzeichnet, der das eigene «Ich» in dauernder Unterordnung hält.

Selbstbeherrschung ist eine seltene Gnade, die das ganze Leben, den ganzen Charakter und das ganze Betragen eines Menschen beeinflusst. Sie zielt nicht nur auf einige selbstsüchtige Gewohnheiten ab, sondern auf das ganze «Ich», auf den ganzen Umfang dieses weitreichenden und hässlichen Wortes. Manche, die voll Stolz und Verachtung auf einen Schlemmer oder Trinker herabblicken, können sich selbst in den einzelnen Ereignissen des Alltags nicht beherrschen. Es stimmt: Trunkenheit und Ähnliches gehören zur abscheulichsten Form der Selbstsucht. Man kann sie zu den bittersten Früchten zählen, die auf jenem weitverzweigten Baum wachsen. Aber das «Ich» ist der Baum, nicht nur der Zweig eines Baums oder die Frucht eines Zweigs. Wir sollten unser «Ich» nicht nur richten, wenn es wirksam wird, sondern im Zaum halten, damit es überhaupt nicht zum Zug kommt.

Da fragen wir uns: Wie können wir das «Ich» bezwingen? Die Antwort ist ganz einfach:

> ***Alles vermag ich in dem, der mich kräftigt***
> *(Philipper 4,13).*

In Christus haben wir doch die Errettung empfangen! Was umfasst denn dieser Begriff alles? Geht es dabei nur um die Befreiung vom kommenden Zorn? Umfasst er nur die Vergebung unserer Sünden und die Gewissheit, dass wir nicht mehr gerichtet werden? Nein, Errettung beinhaltet noch mehr als diese unschätzbaren Tatsachen: Sie schliesst eine volle Annahme von Christus mit ein, und zwar

- als meine «Weisheit», um mich aus den dunklen und krummen Wegen der Torheit auf die Wege des himmlischen Lichts und Friedens zu leiten,

- als meine «Gerechtigkeit», um mich vor den Augen eines heiligen Gottes zu rechtfertigen,

- als meine «Heiligung», um mich als Geheiligter in allen meinen Wegen praktisch heilig zu machen,

- als meine «Erlösung», um mir endgültige Errettung von der Macht des Todes und den Eingang in die ewige Herrlichkeit zu geben.

Aus ihm aber seid ihr in Christus Jesus, der uns geworden ist Weisheit von Gott und Gerechtigkeit und Heiligkeit und Erlösung *(1. Korinther 1,30).*

Daraus erkennen wir, dass die Selbstbeherrschung in der Errettung, die wir in Christus besitzen, eingeschlossen ist. Sie ist die Folge jener praktischen Heiligung, zu der uns die Gnade fähig gemacht hat. Wir sollten uns vor einer zu engen Sicht der Errettung hüten und motiviert auf ihre ganze Fülle eingehen! Es ist ein Wort, das sich von Ewigkeit zu Ewigkeit erstreckt und gleichzeitig alle praktischen Einzelheiten des täglichen Lebens mit einschliesst. Ich habe kein Recht, von der Errettung meiner Seele für die Zukunft zu reden, wenn ich mich weigere, ihre praktische Auswirkung auf mein Verhalten in der Gegenwart anzuerkennen und zu offenbaren. Wir sind nicht nur von der Schuld und Verdammnis der Sünde befreit, sondern ebenso völlig von ihrer Macht, ihrer Ausübung und der Liebe zu ihr. Diese beiden Aspekte dürfen nicht voneinander getrennt werden. Das wird auch keiner tun, der die Bedeutung, die Tragweite und die Kraft des Wortes «Errettung» erfasst hat.

Es folgen nun einige praktische Überlegungen zum Thema Selbstbeherrschung, und zwar im Blick auf die *Gedanken,* die *Zunge* und das *Temperament*. Sie sind für erlöste Menschen gedacht, nicht für Ungläubige.

Die Gedanken

Es gibt bestimmt nur wenige Christen, die nicht hin und wieder unter bösen Gedanken leiden. Diese quälenden Gedanken dringen in unsere tiefste Privatsphäre ein und versuchen, fortwährend unsere innere Ruhe zu stören. Sie verdunkeln die Atmosphäre um uns her und hindern uns daran, einen vollen und klaren Blick nach oben zum Himmel zu haben. Solche Gedanken sind hassenswert. Sie sollten verurteilt und vertrieben werden. Ich kann zwar nicht verhindern, dass mir böse Gedanken kommen, aber ich kann ihnen wehren, sich bei mir einzunisten.

Aber wie können wir unsere Gedanken beherrschen? Das schaffen wir doch ebenso wenig wie die Tilgung unserer Sünden oder die Erschaffung der Welt! Was ist da zu tun? Auf Christus blicken! Das ist das wahre Geheimnis der Selbstbeherrschung. Er kann uns davor bewahren, dass sich schlechte, böse Gedanken in uns festsetzen. Er kann uns sogar vor dem Anflug solcher Gedanken beschützen. Von uns aus können wir weder das Eine noch das Andere – Er aber kann beides. Er kann diesen bösen Eindringlingen nicht nur das Eintreten, sondern auch das Anklopfen verwehren.

Wenn das göttliche Leben in uns wirken kann, wenn der Strom von geistlichen Gedanken und Empfindungen tief und schnell fliesst, wenn unsere Zuneigungen intensiv von der Person des Herrn Jesus beherrscht werden, dann werden uns böse Gedanken nicht belästigen.

Werden wir aber geistlich träge, so brechen die bösen und abscheulichen Gedanken wie eine Flut über uns herein. Dann gibt es nur ein Mittel: den Blick zum Herrn Jesus. Es ist genauso sinnlos, gegen eine Horde böser Gedanken anzugehen, wie es unmöglich ist, gegen das ganze Heer Satans zu kämpfen. Unsere Zuflucht ist Christus. Er ist unsere Heiligkeit. Wir müssen nur der Flut böser Gedanken den Namen des Herrn Jesus entgegenstellen, dann wird Er uns bestimmt völlige und sofortige Befreiung schenken.

Es gibt noch einen besseren Weg: Wenn wir uns mit dem Guten beschäftigen, werden wir vor den Einflüsterungen des Bösen bewahrt. Wir richten unseren Glaubensblick bewusst nach oben, damit die Kanäle unserer Gedanken tief, wohlgeordnet und frei von allen Windungen sind. Dann werden unsere Vorstellungen und Gefühle, die aus der tiefen Quelle unserer Seele hervorströmen, ganz natürlich in jenem Kanalbett vorwärts fliessen.

Das ist zweifellos der bessere Weg. Testen wir es doch durch eigene Erfahrungen:

«Im Übrigen, Brüder,

- alles, was wahr,
- alles, was würdig,
- alles, was gerecht,
- alles, was rein,
- alles, was lieblich ist,
- alles, was wohllautet,
- wenn es irgendeine Tugend und
- wenn es irgendein Lob gibt,

dies erwägt. Was ihr auch gelernt und empfangen und gehört und an mir gesehen habt, dies tut, und der Gott des Friedens wird mit euch sein» (Philipper 4,8.9). Jesus Christus ist die lebendige Darstellung von dem, was Paulus in Vers 8 aufzählt. Wenn unser Herz nun ganz von Ihm erfüllt ist, geniessen wir einen tiefen Frieden, der nicht durch böse Gedanken gestört wird. Dies ist echte Selbstbeherrschung.

Die Zunge

Sie ist jenes einflussreiche Glied, das so fruchtbar im Guten, aber ebenso furchtbar im Bösen sein kann! Mit der Zunge können wir sowohl sanftes und zärtliches Mitgefühl als auch bittere Ironie und glühenden Zorn äussern. Wie wichtig ist es darum, dass wir dieses Glied beherrschen! In einem Augenblick können wir mit der Zunge grosses Unheil anrichten, das jahrelang nicht wieder gut zu machen ist. Haben wir in einem unbedachten Moment nicht schon Worte gesagt, für die wir alles gäben, um sie zurückzunehmen? Rufen wir uns in Erinnerung, was Jakobus darüber schreibt:

«Wir alle straucheln oft. Wenn jemand nicht im Wort strauchelt, der ist ein vollkommener Mann, fähig, auch den ganzen Leib zu zügeln.

- Siehe, den Pferden legen wir die Gebisse in die Mäuler, damit sie uns gehorchen, und lenken ihren ganzen Leib.
- Siehe, auch die Schiffe, die so gross sind und von heftigen Winden getrieben werden, werden durch ein sehr kleines Steuerruder gelenkt, wohin irgend die Absicht des Steuermanns will. So ist auch die Zunge ein kleines Glied und rühmt sich grosser Dinge.
- Siehe, ein kleines Feuer, welch einen grossen Wald zündet es an! Und die Zunge ist ein Feuer, die Welt der Ungerechtigkeit. Die Zunge erweist sich unter unseren Gliedern als die, die den ganzen Leib befleckt und den Lauf der Natur anzündet und von der Hölle angezündet wird.

Denn jede Natur, sowohl die der wilden Tiere als auch die der Vögel, sowohl die der kriechenden als die der Meerestiere, wird gebändigt und ist gebändigt worden durch die menschliche Natur; die Zunge aber kann keiner der Menschen bändigen: sie ist ein unstetes Übel, voll von tödlichem Gift» (Jakobus 3,2-8).

Wer ist imstande, die Zunge zu bändigen? Kein Mensch! Aber Jesus Christus kann es. Wir brauchen nur zu Ihm aufzublicken, und zwar im einfachen Glauben, dass *wir* völlig hilflos sind, *Er* aber alles kann. Es ist für uns ganz unmöglich, unsere Zunge unter Kontrolle zu halten. Wir könnten ebenso gut versuchen, Ebbe und Flut, einen wilden Bergbach oder eine Lawine aufzuhalten. Wie oft haben wir – wenn wir unter den Folgen eines groben Vergehens mit der Zunge leiden mussten – den Entschluss gefasst, dieses unbändige Glied das nächste Mal besser zu zügeln. Aber leider glichen unsere Vorsätze einer Morgenwolke: Sie lösten sich bald in nichts auf. So blieb uns nichts anderes übrig, als uns zu schämen und über unseren beklagenswerten Mangel an Selbstbeherrschung zu weinen. Warum kam es so heraus? Weil wir aus eigener Kraft die Zunge im Griff halten wollten! Unsere Ohnmacht war uns zuwenig bewusst. Das ist der Grund für unser ständiges Versagen.

Wir müssen uns an Christus klammern, wie ein kleines Kind sich an seine Mutter klammert. Nicht dass unser Festklammern irgendeinen Wert hätte. Trotzdem müssen wir es tun, denn nur so können wir die Zunge erfolgreich zügeln. Vergessen wir die ernsten Worte von Jakobus nie:

Wenn jemand meint, er diene Gott, und zügelt nicht seine Zunge, sondern betrügt sein Herz, dessen Gottesdienst ist nichtig *(Jakobus 1,26).*

Das sind heilsame Worte in einer Zeit, in der es so viele zügellose Zungen gibt. Mit der Hilfe des Herrn wollen wir diese Worte beachten, damit ihr heiligender Einfluss in unserem Verhalten sichtbar wird!

Das Temperament

Dieser letzte Punkt hängt sowohl mit der Zunge als auch mit den Gedanken zusammen. Wenn unsere Gedanken einer geistlichen Quelle entspringen und himmelwärts gerichtet sind, wird unsere Zunge Gutes äussern und das Temperament ruhig und gelassen sein. Sobald Christus durch den Glauben in unseren Herzen wohnt, bekommt alles den richtigen Platz. Ohne Ihn ist alles schlechter als wertlos. Ich mag die Selbstbeherrschung eines Sokrates an den Tag legen, dabei aber völlig unwissend über die Selbstbeherrschung nach 2. Petrus 1,6 sein. Die erste gründet sich auf die Philosophie, die zweite auf den Glauben – darum sind sie so ganz verschieden.

Es heisst nämlich: «Reicht in eurem Glauben ... dar.» Damit wird der Glaube vorangestellt als das Band, das unser Herz mit Christus, der lebendigen Quelle aller

Kraft, verbindet. Wenn wir den Herrn Jesus haben und in Ihm bleiben, sind wir fähig,

- die Tugend,
- die Erkenntnis,
- die Enthaltsamkeit,
- das Ausharren,
- die Gottseligkeit,
- die Bruderliebe und
- die Liebe «darzureichen» oder hinzuzufügen.

Das sind die kostbaren Früchte, die aus dem Bleiben in Christus hervorkommen.

Doch ich kann mein Temperament genauso wenig zügeln wie meine Zunge oder meine Gedanken. Wenn ich es dennoch versuche, erleide ich *immer* Niederlagen. Ein ungläubiger Philosoph mag seine Zunge und sein Temperament augenscheinlich besser beherrschen als ein Glaubender, der nicht in Christus bleibt. Dies sollte zwar nicht sein – und wird auch nicht geschehen, wenn der Christ einfach auf den Herrn Jesus blickt –, fehlt er aber darin, so erlangt der Feind einen Vorteil. Satan freut sich, wenn er uns in der Selbstbeherrschung zum Stolpern und zu Fall bringen kann. Denn dadurch wird der kostbare Name des Herrn Jesus in den Schmutz gezogen und verunehrt. Der Philosoph ohne Christus ist in der Selbstbeherrschung scheinbar erfolgreich, doch seinen wahren Zustand wird er so immer schlechter erkennen und läuft direkt ins ewige Verderben.

Wir wollen dies zu Herzen nehmen und auf Jesus Christus blicken, um unsere Gedanken, unsere Zunge und unser Temperament unter Kontrolle zu halten! Dabei müssen wir allen Fleiss aufwenden, denn es hängt viel davon ab!

> ***Wenn diese Dinge bei euch vorhanden sind und zunehmen, so stellen sie euch nicht träge noch fruchtleer hin in Bezug auf die Erkenntnis unseres Herrn Jesus Christus. Denn bei welchem diese Dinge nicht vorhanden sind, der ist blind, kurzsichtig und hat die Reinigung von seinen früheren Sünden vergessen*** *(2. Petrus 1,8.9).*

Diese Worte sind ernst! Wie leicht fallen wir in einen Zustand geistlicher Blindheit und Vergesslichkeit!

Keine noch so grosse Kenntnis der Lehre und des Wortlauts der Schrift kann uns vor diesem schlimmen Zustand bewahren. Nur die Erkenntnis unseres Herrn Jesus Christus kann uns helfen. Sie nimmt in dem Mass zu, wie wir allen Fleiss anwenden und zu unserem Glauben die erwähnten sieben Merkmale hinzuzufügen.

> ***Darum, Brüder, befleissigt euch umso mehr, eure Berufung und Erwählung fest zu machen; denn wenn ihr diese Dinge tut, so werdet ihr niemals straucheln.***

Denn so wird euch reichlich dargereicht werden der Eingang in das ewige Reich unseres Herrn und Heilandes Jesus Christus *(2. Petrus 1,10.11).*

Das persönliche Glaubensleben

Timotheus

> ***Ich hoffe aber in dem Herrn Jesus, Timotheus bald zu euch zu senden ... Denn ich habe keinen Gleichgesinnten, der von Herzen für das Eure besorgt sein wird; denn alle suchen das Ihre, nicht das, was Jesu Christi ist. Ihr kennt aber seine Bewährung, dass er, wie ein Kind dem Vater, mit mir gedient hat an dem Evangelium*** *(Philipper 2,19-22).*

Timotheus war bereit, die Trennung von seinem väterlichen Freund Paulus auf sich zu nehmen und nach Philippi zu reisen. Er sollte dem Apostel Nachricht vom geistlichen Zustand der Philipper bringen, um sein beschwertes Herzen zu erleichtern. Damit bewies er wirkliche Hingabe und Selbstaufgabe.

Timotheus redete nicht von Hingabe, sondern verwirklichte sie. Er stellte seine Taten nicht zur Schau. Doch Paulus gravierte – geleitet durch den Heiligen Geist – das Verhalten von Timotheus auf eine Tafel ein, von der es nicht mehr ausgelöscht werden kann. Die Gesinnung dieses treuen Dieners des Herrn ist für immer in Gottes ewigem Wort aufgezeichnet.

Rühme nie dich selbst! Überlass die Beurteilung deines Verhaltens dem Herrn! Denk an seine Worte: «Wer sich selbst erniedrigt, wird erhöht werden» (Lukas 14,11). Der sichere Weg nach oben ist, hinunterzusteigen. Das ist der Grundsatz der himmlischen Strasse.

Selbstüberhebung ist ein schädliches Unkraut, das im Bereich der neuen Schöpfung nirgends gefunden wird. Leider sprosst es oft im Leben derer auf, die bekennen, erlöst zu sein und zur neuen Schöpfung zu gehören. Aber es ist keine himmlische Pflanze. Wichtigtuerei gehört zur alten, gefallenen Natur und ist ein Unkraut, das auf dem Grund und Boden dieser Welt wuchert. Die Menschen in unserer Gesellschaft meinen, es sei lobenswert, wenn einer vorwärtsdrängt und sich zu profilieren sucht. Aber unser himmlischer Meister verhielt sich ganz anders. Sein Leben war das Gegenteil von Selbstüberhebung. Er, der die Welten gemacht hatte, bückte sich, um die Füsse der Jünger zu waschen. Wenn wir Ihm gleichen wollen, werden wir wie Er handeln. Es gibt nichts, das den Gedanken Gottes, der Gesinnung des Himmels und dem Geist des Herrn Jesus unbekannter und fremder ist als Selbstüberhebung und die Beschäftigung mit sich selbst. Anderseits offenbart jeder, der sich selbst aufgibt und für das Wohl der anderen da ist, eine göttliche, himmlische Gesinnung – die Gesinnung Jesu Christi.

Das persönliche Glaubensleben

Nehmt auf euch mein Joch!

> ***Kommt her zu mir, alle ihr Mühseligen und Beladenen, und ich werde euch Ruhe geben. Nehmt auf euch mein Joch und lernt von mir, denn ich bin sanftmütig und von Herzen demütig, und ihr werdet Ruhe finden für eure Seelen; denn mein Joch ist sanft, und meine Last ist leicht*** *(Matthäus 11,28-30).*

Es ist etwas Grosses, sich stets demütig unter die Hand Gottes zu beugen. Tun wir es, so können wir mit Sicherheit immer eine reiche Ernte erwarten. Wir nehmen dann wirklich das Joch von Jesus Christus auf uns. Er versichert uns, dass darin das wahre Geheimnis der Ruhe liegt.

Worin bestand sein Joch? In der unbedingten und vollkommenen Unterordnung unter den Willen des Vaters. Dieser Unterwerfung begegnen wir im ganzen Leben unseres Herrn und Heilands. Er konnte sagen: «Ja, Vater, denn so war es *wohlgefällig vor dir.*» Das war das einzige, was für Ihn zählte. Wurde sein Zeugnis auch verworfen, schien Er auch umsonst zu arbeiten und «seine Kraft vergeblich und für nichts zu verzehren», so sagte Er doch: «Ich preise dich, Vater, Herr des Himmels und der Erde.» Was dem Vater wohlgefällig war, das gefiel auch Ihm. Er hatte nie einen Gedanken oder einen Wunsch, der nicht in völliger Übereinstimmung mit dem Willen des Vaters gestanden hätte. Darum genoss Er als Mensch ununterbrochen eine vollkommene Ruhe. Er bejahte die Vorsätze Gottes in ihrem vollen Umfang. Deshalb erfüllte ungestörter Friede sein Herz vom Beginn seines Weges bis zu seinem Ende.

Das war das Joch von Jesus Christus. Nun lädt Er uns in seiner unendlichen Gnade ein, dieses Joch auf uns zu nehmen, damit wir für unsere Seelen Ruhe finden. Beachten wir seine Worte: «Ihr werdet Ruhe *finden.*» Die Ruhe, die Er *gibt,* dürfen wir nicht mit der Ruhe, die wir *finden,* verwechseln. Wenn müde, schuldbeladene Menschen in einfachem Glauben zum Herrn Jesus kommen, so gibt Er ihnen Ruhe. Dieser unerschütterliche Friede gründet sich auf die volle Überzeugung: Alles, was für meine Errettung notwendig war, ist vollbracht. Die Sünden sind für immer weggetan. Eine vollkommene Gerechtigkeit ist hergestellt. Gott ist verherrlicht, Satan zum Schweigen gebracht, das Gewissen beruhigt. Das ist die Ruhe, die uns Jesus Christus *gibt,* wenn wir zu Ihm kommen.

Aber dann bewegen wir uns durch die wechselnden Szenen des täglichen Lebens. Da gibt es Versuchungen, Schwierigkeiten, Prüfungen, Kämpfe, getäuschte Erwartungen und Widerwärtigkeiten aller Art. All das kann die Ruhe des Gewissens, die der Herr Jesus gibt, nicht stören. Aber es beeinträchtigt möglicherweise den Frieden unseres Herzens, denn es macht uns ruhelos, unzufrieden und ungeduldig.

Wie soll ich nun auf einen solchen Zustand reagieren? Wie kann mein aufgeregtes Herz ruhig und mein aufgewühltes Gemüt besänftigt werden? Was brauche ich in diesem Zustand? Ich muss Ruhe *finden.* Doch wie kann ich sie finden? Indem ich mich beuge und das Joch von Jesus Christus auf mich nehme. Es ist das Joch, das Er selbst in seinem Leben als Mensch hier getragen hat – das Joch der vollkommenen Unterordnung unter den Willen des Vaters. Es geht darum, dass ich rückhaltlos aus der Tiefe meines Herzens sagen kann: «Dein Wille, o Herr, geschehe!» Dazu brauche ich ein tiefes Gefühl von seiner unendlichen Liebe und seiner unergründlichen Weisheit in all seinen Handlungen mit mir. Dann will ich meine Situation nicht mehr ändern, selbst wenn es in meiner Macht stände, sondern sie von Ihm annehmen.

Gefahren auf dem Glaubensweg

Der christliche Kampf

Wir sind als Christen berufen, ständig einen geistlichen Kampf zu führen und uns in den himmlischen Örtern jeden Zentimeter Boden zu erkämpfen. Was die Kanaaniter für Israel waren, sind die geistlichen Mächte der Bosheit in den himmlischen Örtern für uns. Wir müssen nicht kämpfen, um das ewige Leben zu erhalten. Das besitzen wir schon vor Beginn des Kampfes als eine freie Gabe Gottes. Wir sind auch nicht berufen, unsere Errettung zu erkämpfen. Denn wir sind errettet, bevor wir uns in den Kampf einlassen.

Wofür und mit wem haben wir eigentlich zu kämpfen? Der Zweck unseres Kampfes ist, jeden Tag unsere himmlische Stellung und unseren himmlischen Charakter zu verwirklichen. Es gilt, beides ununterbrochen mitten in den sich ändernden Situationen des menschlichen Lebens aufrechtzuerhalten. «Unser Kampf ist nicht gegen Fleisch und Blut», womit Israel in Kanaan zu kämpfen hatte, «sondern

- gegen die Fürstentümer,
- gegen die Gewalten,

- gegen die Weltbeherrscher dieser Finsternis,
- gegen die geistlichen Mächte der Bosheit in den himmlischen Örtern» (Epheser 6,12).

In Epheser 6,13-18 stellt uns der Heilige Geist die einzelnen Teile der Waffenrüstung vor, die für einen erfolgreichen Kampf nötig sind. Die Wahrheit muss unseren inneren Menschen beherrschen,

- damit unser Lebenswandel durch echte praktische Gerechtigkeit gekennzeichnet ist,
- damit unsere Gewohnheiten und Wege die Merkmale des Evangeliums des Friedens tragen,
- damit wir vollständig mit dem Schild des Glaubens gedeckt sind,
- damit unser Kopf – der Sitz des Verständnisses – durch die volle Gewissheit des Heils geschützt ist und
- damit das Herz – unterstützt durch anhaltendes Gebet und Flehen – gestärkt wird, um in ernster Fürbitte für alle Heiligen, besonders für die Arbeiter und für das Werk des Herrn einzustehen.

Gefahren auf dem Glaubensweg

Kampf und Sieg

Der Kampf beginnt für uns, sobald sich der Heilige Geist als Folge des Todes und der Auferstehung des Herrn Jesus in uns niederlässt.

Christus hat *für* uns gekämpft – der Heilige Geist kämpft *in* uns. Die Tatsache, dass wir den Geist als wertvolle Frucht des Sieges von Golgatha empfangen, versetzt uns sofort in die Konfrontation mit dem Feind. Aber eins ist sicher: Wir sind schon Sieger, bevor wir das Schlachtfeld betreten! Der Gläubige beginnt den Kampf mit dem Siegesruf:

> ***Gott aber sei Dank, der uns den Sieg gibt durch unseren Herrn Jesus Christus!*** *(1. Korinther 15,57).*

Wir kämpfen darum nicht wie aufs Ungewisse, nicht wie einer, der die Luft schlägt, sondern wir zerschlagen unseren Körper und führen ihn in Knechtschaft (1. Korinther 9,26.27).

> ***Wir sind mehr als Überwinder durch den, der uns geliebt hat*** *(Römer 8,37).*

Die Gnade, in der wir stehen, nimmt dem Fleisch alle Macht über uns. Wenn das Gesetz «die Kraft der Sünde» ist (1. Korinther 15,56), dann ist die Gnade deren Ohnmacht. Das Gesetz gibt der Sünde Macht über uns – die Gnade gibt uns Macht über die Sünde.

Das Fleisch ist und bleibt im Gläubigen, solange wir auf der Erde leben. Der Heilige Geist anerkennt seine Anwesenheit völlig. Das bezeugen uns verschiedene Stellen im Neuen Testament. Wir lesen zum Beispiel in Römer 6,12: «Also *herrsche* nicht die Sünde in eurem sterblichen Leib.» Dieses Gebot wäre zwecklos, wenn das Fleisch nicht mehr im Gläubigen wohnen würde. Weshalb sollten wir ermahnt werden, die Sünde nicht in uns herrschen zu lassen, wenn sie gar nicht mehr in uns vorhanden wäre! Zwischen wohnen und herrschen besteht ein grosser Unterschied. Die Sünde *wohnt* im Gläubigen, *herrscht* aber im Ungläubigen.

Die Sünde wohnt also in uns: Obwohl dies der Fall ist, besitzen wir dennoch eine Kraft, die weit über sie erhaben ist. Gott sei dafür gepriesen!

> ***Die Sünde wird nicht über euch herrschen, denn ihr seid nicht unter Gesetz, sondern unter Gnade*** *(Römer 6,14).*

Im Tod des Herrn Jesus hat die Gnade über die Sünde triumphiert. Nun sichert sie uns den Sieg und gibt uns die Kraft über die Sünde. Wir sind der Sünde gestorben

(Römer 6,2). Deshalb hat sie keine Ansprüche mehr an uns. Christus stellt uns, bekleidet mit seinen eigenen Vollkommenheiten, vor Gott hin. So kann der Heilige Geist uns von dem Zeugnis geben, was Christus für uns ist und was wir in Ihm sind (Römer 8,9). Wir befinden uns im *Leib* – das ist unser tatsächlicher Zustand. Aber niemals sind wir – was unsere Stellung betrifft – im *Fleisch.* Das Fleisch ist zwar in uns, obwohl wir ihm gestorben sind. Aber wir sind nicht mehr im Fleisch, weil wir mit Christus lebendig gemacht worden sind.

Gefahren auf dem Glaubensweg

Was bedeutet der Begriff «Welt»?

> ***Liebt nicht die Welt noch was in der Welt ist***
> *(1. Johannes 2,15).*

Es gibt wohl kaum einen Begriff, der so oft falsch erklärt wird, wie «Welt» oder «Weltlichkeit». Im Allgemeinen sind wir geneigt, die Weltlichkeit als etwas zu betrachten, was erst einen oder zwei Grad unter der Linie beginnt, auf der wir selber gehen.

Das Wort Gottes hat aber den Begriff «Welt» mit vollkommener Genauigkeit umschrieben. Es bezeichnet damit alles, was *nicht vom Vater ist.* Es erklärt:

> ***Alles, was in der Welt ist ..., ist nicht von dem Vater***
> *(1. Johannes 2,16).*

Die Welt ist der Bereich, der gebildet wurde, um die natürlichen Wünsche und Begierden des Menschen zu befriedigen: Das sind «die Lust des Fleisches, die Lust der Augen und der Hochmut des Lebens». Die Welt beachtet den Willen des Vaters nicht. Sie kümmert sich nicht darum. Die Welt und der Vater sind einander völlig entgegengesetzte Pole. Je tiefer und inniger meine Gemeinschaft mit dem Vater ist, desto schärfer und sicherer werde ich beurteilen können, was weltlich ist. Diese innere Erkenntnis durch den Heiligen Geist ist der göttliche Weg, wie die Kinder Gottes über das belehrt werden, was «Welt» und was «weltlich» ist. Da gibt es keine gedruckte Liste von Abgrenzungen und Beschränkungen.

Je mehr ich mich über die Liebe des Vaters freue, desto mehr werde ich das ablegen, was von der Welt ist. Ich tue es, weil ich überzeugt bin, dass es nicht vom Vater ist. Und weiter gilt: Je weiter ich vom Einfluss der Welt entfernt bin, desto ausgedehnter kann die Liebe des Vaters in mir wohnen.

Aber wer zeigt mir den Vater und die Liebe des Vaters? Der Sohn des Vaters! Und wie tut Er das? Durch die Kraft des Heiligen Geistes. Wie erreicht der Geist Gottes dies bei mir? Durch das Öffnen und Erklären der biblischen Schriften.

Daraus geht hervor: In dem Mass, wie ich durch die ungehinderte Tätigkeit des Geistes die Offenbarung des Vaters durch den Sohn empfange, kann ich beurteilen, was von der Welt ist. Dadurch wird das geistliche Unterscheidungsvermögen in mir empfindsamer und schärfer.

Es gibt keine bessere Definition von «Welt» und «Weltlichkeit». Jemand hat gesagt: Die Welt ist eine Skala von Schattierungen, die von weiss bis schwarz reicht. Wie schwierig lässt sich da beurteilen, wo die Schattierung von grau und von schwarz beginnt!

Es besteht also keine sichtbare Grenzlinie, die uns allen anzeigt, wo «Welt» und «Weltlichkeit» beginnt. Dennoch schreckt die zarte Empfindsamkeit der göttlichen Natur sofort vor allem zurück, was von der Welt ist – egal, in welcher Schattierung sie sich zeigt. Die Signale dieser göttlichen Natur, die durch den Heiligen Geist und das Wort erleuchtet ist, müssen wir respektieren. Nur so können wir von jeder Form der Weltlichkeit frei bleiben.

Wenn wir mit Gott leben, werden wir nicht mit der Welt leben. Wenn wir den Vater lieben und die Liebe des Vaters in uns ist, werden wir die Welt nicht lieben. Künstliche Abgrenzungen und strenge Regeln sind nutzlos, denn sie sind der Freiheit des Geistes entgegengesetzt. Zudem entsprechen sie nicht dem Leben, das Gott uns in seinem Sohn gegeben hat und das seine Freude am Willen Gottes findet.

Wir wollen daran denken:

> ***Die Welt vergeht und ihre Lust; wer aber den Willen Gottes tut, bleibt in Ewigkeit*** *(1. Johannes 2,17).*

Gefahren auf dem Glaubensweg

Was stellt die Seele wieder her?

Die Antwort lautet: Nur wenn wir von neuem die Vortrefflichkeit, Kostbarkeit und Schönheit des Herrn Jesus betrachten. Das ist das Einzige, das unsere Seele aus einem schlechten Zustand herausheben kann. Denn in unseren Herzen ist geistliche Dürre und Armut entstanden, weil wir von Christus abgewichen sind.

Er hat uns nicht verlassen! Nein, das kann – Gott sei Dank – nicht sein. Aber *wir* haben Ihn praktisch losgelassen. Aus diesem Grund ist unser Zustand dermassen niedrig, dass es für andere schwierig ist, mehr als nur den Namen eines Christen an uns zu sehen.

Wir sind in unserer praktischen christlichen Laufbahn aufgehalten worden. Wir sind nicht so tief in die Bedeutung des «Kelches» (= Leiden) und der «Taufe» (= Tod) von Christus eingetreten, wie wir es hätten tun sollen (Markus 10,38.39). Wir haben die Gemeinschaft mit seinen Leiden, seinem Tod und seiner Auferstehung zu wenig gesucht (Philipper 3,10). Wir haben uns mit den Ergebnissen seiner Leiden für uns begnügt, anstatt sie auch praktisch zu erfahren. Darin liegt unser trauriger Niedergang begründet. Davor kann uns nur die Beschäftigung mit der unergründlichen Person unseres Herrn Jesus bewahren.

Glauben und Vertrauen

David stärkte sich in seinem Gott

> ***David war in grosser Bedrängnis, denn das Volk sprach davon, ihn zu steinigen; denn die Seele des ganzen Volkes war erbittert, jeder wegen seiner Söhne und wegen seiner Töchter. Aber David stärkte sich in dem Herrn, seinem Gott*** *(1. Samuel 30,6).*

Glücklich der Mann, der sich aus der tiefsten Tiefe des menschlichen Jammers zu Gott und seinen nie fehlenden Hilfsquellen erheben kann! Der Glaube weiss: Gott ist aller menschlichen Not, Schwachheit und Sünde gewachsen. Er steht über allem und genügt für alles. So wird das Herz, das Ihn im Glauben ergreift, über alle Prüfungen und Schwierigkeiten des Glaubensweges erhoben.

Der Christ kann unmöglich in eine Lage kommen, in der er nicht mit Gott rechnen dürfte.

- Wird er vom Druck der äusseren Umstände niedergedrückt? Dann darf er Gottes Allmacht, Allwissenheit und Güte in diese Situation hineinbringen!

- Ist sein Herz durch die Last persönlicher Schwachheit mutlos? Dann darf er zu den unerschöpflichen Quellen des Mitgefühls und Erbarmens Gottes Zuflucht nehmen!
- Ist seine Seele durch das Bewusstsein von Sünde und Schuld mit Schrecken erfüllt? Dann darf er seinen Blick zur grenzenlosen Gnade Gottes und zum kostbaren Blut von Jesus Christus richten!

Mit einem Wort: Worin auch die Last, die Prüfung, der Schmerz und die Not bestehen, Gott ist allem gewachsen. So ist es das Vorrecht des Glaubens, sich um Hilfe an Ihn zu wenden. «David stärkte sich in dem HERRN, seinem Gott», als alles um ihn her so dunkel und niederdrückend wie nur möglich war.

Wäre diese Tatsache doch mehr Wirklichkeit in unserem Leben! Der Umgang mit Gott bewirkt in uns einen heiligen Ernst, gibt aber auch Frieden, Glück und Kraft.

Glauben und Vertrauen

Traust du deinem Gott alles zu?

Sind wir fähig, uns mitten im allgemeinen Verfall des christlichen Zeugnisses auf Gott allein zu stützen? Ist Er für uns mehr als alles, was unser Auge sieht? Schöpfen wir bei Ihm neue Kraft, wenn alles gegen uns zu sein scheint? Ist uns in einer Zeit der Untreue, der Anpassung an die Welt und der Gleichgültigkeit sein Name über alles wertvoll? Sind wir bereit, den Rest unseres Weges durch die Wüste in Absonderung und sogar in Einsamkeit zu gehen, wenn dies nötig werden sollte? Vielleicht haben wir gelernt, in keiner Weise mehr auf die Menschen der Welt zu blicken oder gar etwas von ihnen zu erwarten. Aber sind wir auch bereit, festzustehen, wenn *unsere Glaubensbrüder* sich gegen uns wenden? Davids Gefährten redeten in Ziklag davon, ihn zu steinigen. Doch der Herr war ihm wertvoller als alles. Deshalb konnte er sich im HERRN, seinem Gott, stärken.

Kennen wir die Kraft und den Trost dieser gelebten Beziehung zu Gott? Möchten wir sie mehr in der Praxis kennen lernen! Ja, möchten wir treuer und inniger

Christus anhangen – mit einem tieferen Gefühl von unserem eigenen Nichts, aber seiner Vollkommenheit! Möchten wir uns sozusagen in Ihn einhüllen, während wir durch diese kalte und glaubenslose Welt dem herrlichen Ziel entgegengehen!

Als König Saul den jungen David vor dem Kampf mit Goliath prüfte, kam er zum Schluss: «Du vermagst nicht.» Allerdings nicht! Aber *der Herr* vermochte es – und auf seinen starken Arm stützte sich David in schlichtem Glauben. Für David hatte Israel nicht aufgehört, das Heer des Herrn zu sein. So tief es seit den Tagen Josuas auch gesunken war, der Kampf Israels war jetzt genau so der Kampf des Herrn wie damals, als Sonne und Mond stillstanden, damit Josua das göttliche Strafgericht an den Kanaanitern vollziehen konnte (Josua 10,12-14). Dieses Wissen hielt ihn aufrecht und leitete ihn in seinem Tun – auch wenn Eliab ihn der Vermessenheit beschuldigte und Saul von Unfähigkeit redete.

Nur das Bewusstsein, dass wir *für Gott* handeln und dass *Gott mit uns* ist, verleiht uns eine solche Entschiedenheit und ausdauernde Kraft. Es räumt jedes Hindernis aus dem Weg, erhebt unser Herz über alle menschlichen Einflüsse und versetzt es in den Bereich einer Kraft, die alles kann. Wenn wir die Gewissheit haben, dass wir auf der Seite des Herrn stehen und seine Hand mit uns ist, dann kann uns nichts vom Weg des Dienstes ablenken – egal wohin Er uns führen will.

Der Apostel sagt:

> ***Alles vermag ich in dem, der mich kräftigt*** *(Philipper 4,13).*
>
> ***Er hat zu mir gesagt: Meine Gnade genügt dir, denn meine Kraft wird in Schwachheit vollbracht. Daher will ich mich am allerliebsten viel mehr meiner Schwachheiten rühmen, damit die Kraft des Christus über mir wohne*** *(2. Korinther 12,9).*

Der schwächste Gläubige meistert mit Christus alles. Wenn wir jedoch auf das schwache «Gefäss» blicken, dann scheint diese Überzeugung überheblich zu sein.

Glauben und Vertrauen

Euch geschehe nach eurem Glauben

Das Volk Israel zählte in der Wüste nebst Frauen und Kindern ungefähr 600'000 Mann. Ist es nicht erstaunlich, dass es in dieser grossen Gesellschaft ausser Mose und Aaron nur zwei gab, die Glauben an den lebendigen Gott besassen (4. Mose 13 – 14)?

Das ganze Volk wurde vom Geist des Unglaubens beherrscht. Die Israeliten trauten es Gott nicht zu, sie ins Land zu bringen. Sie dachten eher, dass Er sie in die Wüste geführt habe, um sie hier sterben zu lassen. Wie ernst: Sie ernteten die Frucht ihres traurigen Unglaubens! Die zehn falschen Zeugen starben durch eine Plage. Die vielen Tausende, die ihr falsches Zeugnis angenommen hatten, mussten in die Wüste zurückkehren. 40 Jahre lang mussten sie in ihr umherwandern, bis sie starben und begraben wurden.

Nur Josua und Kaleb glaubten an den lebendigen Gott. Dieser Glaube erfüllte ihre Herzen mit freudigem Vertrauen und gutem Mut. Auch sie ernteten, aber *nach ihrem Glauben.* Dieser Glaube ist ein Geschenk von Gott. Mit Ehrerbietung sagen wir: Er kann nicht anders, als diese Gabe da anzuerkennen, wo sie sich findet. Josua und Kaleb waren fähig, in der Kraft eines schlichten Glaubens gegen den gewaltigen Strom des Unglaubens zu schwimmen. Sie bewahrten trotz allen Schwierigkeiten ihr Vertrauen auf Gott. Schliesslich ehrte Er ihren Glauben aufs Herrlichste: Während die Körper ihrer Volksgenossen im Staub der Wüste zerfielen, betraten ihre Füsse die rebenbedeckten Hügel und fruchtbaren Täler des Landes Kanaan. Jene hatten gesagt, dass Gott sie aus Ägypten geführt habe, um sie in der Wüste sterben zu lassen. Diese hatten erklärt, dass Gott sie ins Land bringen würde. Beiden Gruppen erging es genau nach ihren Worten!

Euch geschehe nach eurem Glauben *(Matthäus 9,29).*

Diesen wichtigen Grundsatz wollen wir beherzigen! Gott freut sich über unseren Glauben. Er liebt es, wenn wir Ihm vertrauen. Deshalb wird Er jene immer ehren, die ihr Vertrauen auf Ihn setzen. Der Unglaube dagegen betrübt und verunehrt Ihn. Er bringt Finsternis und Tod über den, der darin verharrt.

Es ist eine schreckliche Sünde, am lebendigen Gott, der nicht lügen kann, zu zweifeln. Wie können wir Fragen stellen, wenn Er gesprochen hat? Der Teufel ist der Auslöser aller zweifelnden Fragen. Er hat seine Freude daran, unser Vertrauen zu erschüttern. Aber er ist machtlos, wenn wir einfach auf Gott vertrauen.

Seine feurigen Pfeile können niemals einen Menschen erreichen, der hinter dem Schild des Glaubens geborgen ist. Wie segensreich ist es, ein Leben in kindlichem Vertrauen auf Gott zu führen! Es macht das Herz glücklich und füllt den Mund mit Lob und Anbetung. Das Gottvertrauen vertreibt jede Wolke, jeden Nebel und erleuchtet unseren Glaubensweg mit den Strahlen der Liebe des himmlischen Vaters. Der Unglaube hingegen füllt das Herz mit Zweifeln, verdunkelt unseren Weg und macht uns unglücklich.

Kaleb besass ein freudiges Vertrauen, während seine Brüder klagten und murrten. So wird es immer sein. Wenn wir glücklich sein wollen, müssen wir uns mit Gott und mit dem, was Ihn umgibt, beschäftigen. Befassen wir uns aber mit uns selbst und unserer Umgebung, so sind Elend und Klagen die Folge. Werfen wir einen Blick auf Lukas 1. Was liess Zacharias verstummen? Der Unglaube. Was erfüllte das Herz und öffnete den Mund von Maria und Elisabeth? Der Glaube. Zacharias hätte in den Lobgesang dieser frommen Frauen einstimmen können. Aber der Unglaube verschloss seine Lippen. Welche Belehrung für uns!

Wir wollen lernen, mehr auf Gott zu vertrauen! In einer ungläubigen Welt gilt es, stark im Glauben zu sein und dadurch Gott die Ehre zu geben!

Glauben und Vertrauen

Der Glaube rechnet mit Gott

Der Glaube beginnt mit Gott. Von Ihm aus zieht er seine Schlüsse auf die Schwierigkeiten. Der Unglaube hingegen fängt mit den Problemen an und schliesst von ihnen aus auf Gott.

Nicht dass wir den Schwierigkeiten gegenüber unempfindlich oder sogar sorglos sein sollten. Weder Unempfindlichkeit noch Sorglosigkeit ist Glaube. Es gibt viele Leute, die leicht durchs Leben zu gehen scheinen, weil sie grundsätzlich alles von der heitersten Seite aufzufassen suchen. Aber das ist nicht Glaube.

Der Glaube blickt den Schwierigkeiten ins Gesicht. Er sieht und fühlt die raue, schlimme Seite der betreffenden Situation. Er ist nicht unwissend, nicht gleichgültig, nicht sorglos. Aber *er bezieht den lebendigen Gott in alle seine Lebensfragen mit ein.* Er schaut auf Ihn, stützt sich auf Ihn und nimmt von Ihm alles, was er braucht. Darin liegt das Geheimnis seiner Kraft.

Glauben und Vertrauen

Glauben und Sehen

Habe ich dir nicht gesagt: Wenn du glaubtest, so würdest du die Herrlichkeit Gottes sehen?
(Johannes 11,40).

Glauben und dann sehen: Das ist die göttliche Reihenfolge. Der Mensch will sehen und dann glauben. Aber bei Gott ist es umgekehrt.

Warum durfte kein Mann jener bösen Generation, die auf die Worte der zehn ungläubigen Kundschafter hörte, das gute Land sehen (4. Mose 14,22.23)? Weil sie Gott nicht glaubten (Vers 11). Der Unglaube ist immer das grosse Hindernis, das die Herrlichkeit Gottes vor uns verbirgt. «Er tat dort nicht viele Wunderwerke wegen ihres Unglaubens», wird über das Wirken des Herrn Jesus in seiner Vaterstadt berichtet (Matthäus 13,58). Hätte Israel an der Grenze des verheissenen Landes doch nur Gott geglaubt und der Liebe seines Herzens und der Kraft seines Armes vertraut! Er hätte sie bestimmt in das Land gebracht und auf den Berg seines Erbteils verpflanzt.

Genau so verhält es sich mit dem Volk des Herrn in unserer Zeit. Würden wir voll und ganz mit dem Herrn rechnen, so wären unsere Segnungen grenzenlos. «Dem Glaubenden ist alles möglich» (Markus 9,23). Unser Gott wirft uns nie vor: «Ihr erwartet zu viel von mir.» Er freut sich, den kühnsten Erwartungen des Glaubens zu entsprechen.

Darum wollen wir freimütig nehmen, was Er uns geben will! «Tu deinen Mund weit auf, und ich will ihn füllen!» (Psalm 81,11). Die reichen Schatzkammern des Himmels stehen dem Glauben immer offen:

> ***Alles, was irgend ihr im Gebet glaubend erbittet, werdet ihr empfangen*** *(Matthäus 21,22).*

> ***Wenn aber jemand von euch Weisheit mangelt, so erbitte er sie von Gott, der allen willig gibt und nichts vorwirft*** *(Jakobus 1,5).*

Der Glaube ist das göttliche Geheimnis in der ganzen Sache. Er ist die Quelle und Motivation des christlichen Lebens vom Anfang bis zum Ende. Der Glaube schwankt und zweifelt nie. Der Unglaube dagegen wankt und zweifelt immer. Daher kann er nie die Herrlichkeit und Macht Gottes sehen. Er ist taub für seine Stimme und blind für sein Handeln. Er drückt das Herz nieder, schwächt die Hände und lähmt die Knie. Er verdunkelt den Weg und verhindert jeden weiteren Schritt. Er hielt *Israel* damals 40 Jahre lang vom Land der Verheissung fern. Und wer könnte abschätzen, wie viel *wir* durch den verderblichen Einfluss des Unglaubens auf unsere Herzen verlieren?

Wäre unser Glaube doch lebendiger! Wie ganz anders würde es dann im Volk Gottes aussehen! Der Glaube reinigt das Herz. Er wirkt durch die Liebe und überwindet die Welt. Kurz, er bringt unser Herz in eine lebendige Verbindung mit Gott selbst. Kein Wunder, dass Petrus ihn den «kostbaren Glauben» nennt. Sein Wert übersteigt wirklich das menschliche Fassungsvermögen.

Das gemeinsame Glaubensleben

Gott in der Mitte seines Volkes

Im Volk Israel

Gott stieg vom Himmel herab, um die Israeliten aus Ägypten zu erlösen und mit ihnen durch die Wüste zu ziehen. Welch ein Gedanke! Gott, der Allerhöchste, schlug seine Wohnung bei seinem erlösten Volk im Sand der Wüste auf. Seine Gegenwart gab für alles Sicherheit.

- Wie sollten diese vielen Menschen in einer Wüste, in der es nichts zu essen und nichts zu trinken gab, ernährt werden? Gott war da!
- Wie sollten sie ihren Weg durch diese grosse, weglose Wüste finden? Gott war da!
- Wie sollte die Ordnung im Volk gewahrt bleiben? Gott war da!

Das israelitische Lager mit seinen Soldaten, Arbeitern und Anbetern bot ein Bild äusserster Hilflosigkeit. Sie waren völlig von Gott abhängig. Sie hatten keinen

Bissen Brot und keinen Schluck Wasser, wenn sie nicht jeden Tag beides direkt aus Gottes Hand bekamen. Nicht der kleinste Vorrat war für den nächsten Tag vorhanden. Es gab kein Lager an Esswaren, keine sichtbare Versorgungsquelle – es gab nichts, womit der Mensch hätte rechnen können.

Aber Gott wohnte in der Mitte seines Volkes. Das genügte. Für den Glauben ist nichts real und sicher als nur der lebendige, ewige Gott. Der natürliche Mensch mochte einen sehnsüchtigen Blick auf die Kornspeicher Ägyptens werfen und darin etwas Verlässliches sehen. Der Glaube aber blickt zum Himmel hinauf und findet dort alle seine Hilfsquellen.

Gott kannte die Armut der Israeliten und den Schwierigkeitsgrad des Weges. Aber Er war in seiner Allmacht und mit seinen unbegrenzten Möglichkeiten da, um allen Bedürfnissen und Nöten zu begegnen. Am Ende der langen Wüstenwanderung konnte Er mit bewegenden Worten an ihre Herzen appellieren:

> ***Der Herr, dein Gott, hat dich gesegnet in allem Werk deiner Hand. Er kannte dein Wandern durch diese grosse Wüste: Diese 40 Jahre ist der Herr, dein Gott, mit dir gewesen; es hat dir an nichts gefehlt*** *(5. Mose 2,7).*

> ***Deine Kleidung ist nicht an dir zerfallen, und dein Fuss ist nicht geschwollen diese 40 Jahre*** *(5. Mose 8,4).*

In der Versammlung

Das Lager Israel ist ein eindrucksvolles Bild von der Versammlung Gottes in der Welt. Sie befindet sich in geistlichem Sinn in der Wüste, vollständig getrennt von der Welt. Da ist sie ganz auf Gott angewiesen. So betrachtet Er die Versammlung von seinem Standpunkt aus. Wenn wir an den tatsächlichen praktischen Zustand denken, ist es leider anders. Aber damit beschäftigen wir uns jetzt nicht.

Es gibt heute auf der Erde einen Leib, in dem der Heilige Geist wohnt und der mit seinem Haupt, Christus, verbunden ist. Dieser Leib besteht aus allen, die wirklich an den Sohn Gottes glauben. Jeder Mensch, der von neuem geboren und mit dem Geist Gottes versiegelt ist, gehört zur Versammlung. Das ist eine göttliche Tatsache.

Wie wird nun die Versammlung in der Welt erhalten?

- Durch das Haupt im Himmel,
- durch den Geist und
- durch das Wort.

Wir lesen:

> ***Niemand hat jemals sein eigenes Fleisch gehasst, sondern er nährt und pflegt es, wie auch der Christus die Versammlung*** *(Epheser 5,29).*

Genügt der Herr Jesus? Reichen die Gaben, die Er zum Wachstum und Bestehen der Versammlung gibt? Kommen wir mit der Kraft des Geistes aus? Der Glaube sagt entschieden: Ja! Der Unglaube und die menschliche Vernunft hingegen beteuern: Nein, wir brauchen noch viel mehr. Darauf antworten wir nur: Wenn Gott nicht genug ist, wohin sollen wir uns dann wenden? Wenn der Name des Herrn Jesus nicht ausreicht, dann wissen wir nicht, was wir tun sollen.

Da könnte man einwenden: Aber wir leben nicht mehr in der Zeit der Apostel. Die Versammlung hat in ihrer praktischen Verwirklichung versagt. Die glücklichen Tage der ersten Liebe sind vorbei. – Das stimmt, aber Gott hat nicht versagt! Christus, das Haupt im Himmel, hat sich nicht verändert. Der Heilige Geist wohnt noch immer in der Versammlung. Das Wort Gottes ist nicht schwächer geworden.

Alles, was wir brauchen, ist ein einfacher Glaube, der diese Wirklichkeit ergreift. Dem Sünder sagen wir, er solle völlig Christus vertrauen. Dasselbe sagen wir den Erlösten, wenn es um das Zusammenkommen als Versammlung geht. Gibt es für den Herrn etwas, was Er nicht kann?

> ***Ist für den Herrn eine Sache zu wunderbar?***
> *(1. Mose 18,14).*

Ist sein Reichtum an Gnade jemals erschöpft? Kann Er nicht den vielfältigen Bedürfnissen der Versammlung

begegnen? So wie Israel in der Wüste völlig auf Gott angewiesen war, so finden wir jede Hilfe in unserem Herrn, der gesagt hat:

> ***Wo zwei oder drei versammelt sind in meinem Namen, da bin ich in ihrer Mitte*** *(Matthäus 18,20).*

Er genügt vollkommen, trotz unseres Versagens und unserer Untreue. Der Name des Herrn Jesus Christus reicht für die Versammlung Gottes zu jeder Zeit und in jeder Situation aus.

Möchten wir Ihm vertrauen und Ihm den Platz geben, der Ihm in der Versammlung zusteht, und uns seiner Autorität unterordnen. Darin liegt das Geheimnis der Kraft und des Segens.

Das gemeinsame Glaubensleben

Das Zusammenkommen als Versammlung

Ihr sollt den Ort aufsuchen, den der Herr, euer Gott, aus allen euren Stämmen erwählen wird, um seinen Namen dahin zu setzen, dass er dort wohne, und dahin sollst du kommen *(5. Mose 12,5).*

Das Zusammenkommen der Gläubigen ist von grosser Bedeutung. Die Wahrheit darüber finden wir schon im ersten Buch des Neuen Testaments. Dort sagt der Herr Jesus:

Wo zwei oder drei versammelt sind in meinem Namen, da bin ich in ihrer Mitte *(Matthäus 18,20).*

Hier erkennen wir den göttlichen Mittelpunkt: «mein Name». Dies stimmt mit dem oft wiederholten Wort im 5. Buch Mose überein: «Der Ort, den Gott erwählen wird, um seinen Namen dort wohnen zu lassen.» Das Volk Israel musste an diesem einen Platz zusammenkommen. Es durfte keinen anderen Platz wählen. Es musste der Ort sein, «den Gott erwählen wird». Kein anderer. So ist es auch jetzt mit der Versammlung: Kein menschliches Überlegen und Wählen kommt da in Frage. Nur der Wille des Herrn ist massgebend.

- Die *Grundlage* unseres Zusammenkommens ist göttlich: Es ist die vollbrachte Erlösung.

- Der *Mittelpunkt,* zu dem wir versammelt werden, ist göttlich: Es ist der Name Jesu.

- Die *Kraft,* in der wir versammelt werden, ist göttlich: Es ist die des Heiligen Geistes.

- Die *Autorität,* die uns so zusammenkommen heisst, ist göttlich: Es ist Gottes Wort.

Das eine wie das andere ist ebenso deutlich wie wertvoll. Alles, was wir nötig haben, ist ein schlichter Glaube, der es annimmt und danach handelt. Beginnen wir zu argumentieren und auf menschliche Überlegungen zu hören, dann werden wir durch die Lehren und Meinungen in der Christenheit verwirrt. Das Wort Gottes ist unsere einzige Sicherheit, Zuflucht und Autorität. Wenn wir uns daran halten, ist uns die Wahrheit über das Zusammenkommen der Glaubenden ebenso deutlich wie die Tatsache unserer Errettung. Gott gab einst dem Volk Israel im Blick auf den Ort, den Er erwählen würde, bis in die kleinsten Einzelheiten genauste Anweisungen. Kann es dann sein, dass Er seine Versammlung nun über die Grundlage, den Mittelpunkt und die Weise ihres Zusammenkommens im Unklaren lässt? Sicher nicht! Sein Wort ist auch über diesen Punkt klar und deutlich.

Jeder Israelit war nach den Belehrungen des 5. Buches Mose berufen, um den Mittelpunkt des Gottes Israels versammelt zu sein. Er musste aber auch erfahren, was es bedeutete, wenn er sich von dem Ort wegwandte, wohin der HERR seinen Namen gesetzt hatte. So sind auch wir verpflichtet, für das Zusammenkommen der Versammlung

- jede *Grundlage* ausserhalb des Bodens des einen Leibes abzulehnen,
- jeden anderen *Mittelpunkt* ausser dem Namen Jesu zu verwerfen,
- in keiner anderen *Kraft* als der des Heiligen Geistes zusammenzukommen und
- unter keiner anderen *Autorität* als der des Wortes Gottes versammelt zu sein.

Das gemeinsame Glaubensleben

Bist du eine Hilfe oder ein Hindernis?

Der Herr schenkt uns in seiner Gnade viele Vorrechte. Eins der höchsten ist das Zusammenkommen in seinem Namen. Was für ein Privileg für uns, während diesen Zusammenkünften anwesend zu sein! Jeder, der den Herrn Jesus wirklich liebt, wird sich mit ganzer Freude an dem Ort aufhalten, wo Er verheissen hat, in der Mitte zu sein. Ob wir versammelt sind, um am Tisch des Herrn seinen Tod zu verkündigen oder um sein Wort zu hören oder um gemeinsam zu beten – jedes treue Herz wird sich danach sehnen, anwesend zu sein. Wir können sicher sein: Jeder, der das Zusammenkommen absichtlich versäumt, befindet sich in einem gefährlichen Zustand. Wer die Zusammenkünfte der Versammlung vernachlässigt, tut den ersten Schritt auf der abschüssigen Bahn, die zum völligen Aufgeben von Christus und seinen Interessen führen kann.

Unser Zustand und unser Verhalten im Blick auf das Zusammenkommen der Versammlung hat für jeden Erlösten – der bekennt, sich mit anderen Gläubigen im Namen des Herrn Jesus zu versammeln – eine grosse praktische Bedeutung. Deshalb möchten wir an jedes Herz und Gewissen die Frage richten: Bist du für die Versammlung eine Hilfe oder ein Hindernis? Es ist klar, dass jeder sowohl das eine, wie auch das andere sein kann. Darum geht diese Frage uns alle an.

Hilfe oder Hindernis als Glied am Leib Christi

Der Apostel Paulus behandelt dieses Thema in 1. Korinther 12. Wir erkennen dort, dass jedes Glied des Leibes Christi seinen Einfluss auf den übrigen Teil ausübt. Es ist wie bei einem menschlichen Körper: Wenn an einem verborgenen oder kleinen Glied etwas nicht in Ordnung ist, werden das über das Hirn bald alle Glieder spüren. Es braucht nur ein Nagel eingerissen, ein Zahn krank oder ein Fuss verrenkt zu sein und schon wird der ganze Körper in Mitleidenschaft gezogen. Es kann uns ein Gelenk, ein Muskel oder ein Nerv schmerzen, und sogleich verspürt es der ganze Körper als eine Belastung. So verhält es sich auch in der Versammlung Gottes, die der Leib Christi ist:

> ***Wenn ein Glied leidet, so leiden alle Glieder mit; oder wenn ein Glied verherrlicht wird, so freuen sich alle Glieder mit*** *(1. Korinther 12,26).*

Der Zustand des einzelnen Gliedes beeinflusst den ganzen Leib. Daraus ergibt sich, dass jedes Glied allen anderen entweder eine Hilfe oder ein Hindernis ist.

Welch eine ernste Wahrheit von grosser Tragweite für die Praxis!

Der Apostel spricht hier nicht von irgendeiner örtlichen Versammlung, sondern vom ganzen Leib. Allerdings ist jede lokale Versammlung der örtliche Ausdruck davon. So sagt er, wenn er sich an die Versammlung in Korinth richtet: «Ihr aber seid Christi Leib, und Glieder im Einzelnen» (Vers 27). Selbstverständlich gab es noch andere örtliche Versammlungen. Hätte der Apostel an eine von ihnen über das gleiche Thema geschrieben, hätte er bestimmt die gleichen Ausdrücke verwendet. Denn das, was von *einer* Versammlung wahr ist, ist von jeder örtlichen Versammlung wahr. Nichts könnte klarer, einfacher und für die Praxis wichtiger sein.

Aus dieser Tatsache ergeben sich drei wertvolle und kräftige Beweggründe für ein heiliges, ernstes und treues Leben:

- Wir möchten das Haupt, den Herrn Jesus, mit dem wir verbunden sind, nicht verunehren.
- Wir möchten den Heiligen Geist, durch den wir zusammengefügt sind, nicht betrüben.
- Wir möchten den anderen Gliedern, unseren Glaubensgeschwistern, mit denen wir verbunden sind, nicht schaden.

Was kann einen stärkeren Einfluss auf uns ausüben als solche Beweggründe? Wollen wir sie im Volk Gottes nicht mehr verwirklichen? Es ist *eine* Sache, die Lehre der Einheit des Leibes zu verkünden und festzuhalten. Es ist aber eine *andere* Sache, in ihr zu leben und ihre heilige, bildende Kraft zu offenbaren. Leider kann sich der arme menschliche Verstand in den höchsten Wahrheiten bewegen, während das Herz, das Gewissen und das Leben nie deren heiligen Einfluss erfahren haben. Wie ernst ist dieser Gedanke für jeden von uns! Wir wollen ihn im Herzen bewegen und auf unser Leben und unsere Gesinnung einwirken lassen! Möge die Wahrheit von dem «einen Leib» für jedes Glied auf der ganzen Erde wertvoll und real werden!

Hilfe oder Hindernis in den Zusammenkünften

Nun liegt uns ein Aspekt besonders am Herzen: Die verschiedenen Zusammenkünfte werden durch den inneren Zustand, die Herzenseinstellung und die Gesinnung aller, die daran teilnehmen, beeinflusst. Wir wiederholen mit Nachdruck: Es betrifft alle Anwesenden – nicht nur die, die sich mündlich beteiligen.

Zweifellos liegt auf denen, die sich irgendwie im Dienst gebrauchen lassen, eine besondere Verantwortung. Wer ein Lied vorschlägt, ein Gebet oder eine Danksagung spricht, einen Abschnitt aus Gottes Wort vorliest oder an der Belehrung und Ermahnung teilnimmt, soll sich im Klaren sein: In allem, was ich tue, bin ich nur ein Werkzeug in der Hand des Herrn. Wenn wir das ausser

Acht lassen, sind wir imstand, der Versammlung ernstlich zu schaden. Wir können den Geist auslöschen, die Anbetung behindern, die Gemeinschaft unterbrechen, die Harmonie und den Segen des Zusammenseins verderben.

Das ist ernst und erfordert von allen, die in irgendeiner Weise am Dienst in der Versammlung teilnehmen, Wachsamkeit. Bereits ein unpassendes oder zur Unzeit vorgeschlagenes Lied kann ein Hindernis sein, weil es den geistgeleiteten Ablauf einer Zusammenkunft unterbricht. Sogar das kostbare Wort Gottes kann zur unrechten Zeit vorgelesen werden. Kurz gesagt: Alles was nicht die unmittelbare Frucht des Geistes ist, kann die Erbauung und den Segen der Versammlung nur hindern. Alle, die sich in der Beteiligung am Dienst gebrauchen lassen, sollten jederzeit das bestimmte Bewusstsein haben, dass sie vom Geist geleitet sind. Nur eins sollte ihr Beweggrund sein: die Verherrlichung des Herrn Jesus und der Segen der Versammlung durch Ihn.

Alles geschehe zur Erbauung *(1. Korinther 14,26).*

Wenn dem nicht so ist, schweigen sie besser und warten auf den Herrn. Sie werden durch ruhiges Warten Christus mehr verherrlichen und für die Versammlung ein grösserer Segen sein, als durch ruhelose Tätigkeit und unerbauliches Reden. Auch das Umgekehrte ist möglich: Man kann den Segen verhindern, indem man es unterlässt, ein Lied vorzuschlagen, eine Stelle vorzulesen oder ein Gebet zu sprechen, obwohl einem der Geist Gottes das Eine oder Andere aufs Herz gelegt hat!

Doch neben der besonderen Verantwortung derer, die der Geist Gottes im Dienst gebrauchen möchte, gibt es eine ernste Verantwortung für jeden einzelnen. Die Stimmung, der Charakter und die allgemeine Wirkung einer Zusammenkunft stehen in enger Verbindung mit dem moralischen und geistlichen Zustand aller Anwesenden. Diese Tatsache bewegt unser Herz tief und treibt uns an, diese Zeilen an alle Versammlungen zu richten. Jeder Glaubende ist in der Versammlung entweder eine Hilfe oder ein Hindernis, ein Mithelfer oder ein Verderber.

Wir können für die Versammlung eine Hilfe und ein Segen sein:

- durch eine hingebende, ernste und liebevolle Haltung,
- durch den aufrichtigen Wunsch, einfach dem Herrn selbst zu begegnen,
- durch eine Überzeugung, sich an dem Platz zu versammeln, wo Er seinen Namen wohnen lässt,
- durch eine tiefe Freude, da zu sein, weil Er da ist.

Leider kommen wir nicht immer in dieser Einstellung zusammen. Warum ist das so? Weil es sich nicht um eine Frage der Gabe oder Erkenntnis, sondern um echte Frömmigkeit und ein Leben des Gebets handelt. Es ist eben eine Frage, ob sich *jeder* von uns in diesem guten geistlichen Zustand befindet. Ohne ihn sind die glänzendsten Gaben und die umfassendste Erkenntnis nur ein Hindernis und ein Fallstrick. Gabe und Kenntnis ohne ein geübtes Gewissen und ohne Gottesfurcht können vom Feind zum Schaden benutzt werden. Ist aber echte Demut, ein Ernst und eine Wirklichkeit vorhanden, die durch das Bewusstsein der Gegenwart Gottes hervorgebracht werden, dann finden sich in der Versammlung – ob Gaben vorhanden sind oder nicht – bestimmt echte Anbetung, tiefer Segen und geistliche Frische.

Es besteht ein grosser Unterschied zwischen einem Zusammenkommen von Menschen, die sich um einen begabten Mann versammeln, oder ein Zusammenkommen allein zum Herrn Jesus hin. Es ist *eine* Sache, durch den Dienst angezogen zu werden, aber eine ganz *andere*, zu einem Dienst versammelt zu sein. Wenn Menschen nur wegen eines Dienstes kommen, besteht die Gefahr, dass sie wegbleiben, sobald ihnen der Dienst nicht mehr zusagt. Sind aber ernste, treue und hingebende Glaubende einfach zum Herrn Jesus hin versammelt, so werden sie für den Dienst, den sie empfangen, dankbar sein. Aber sie sind nicht davon abhängig. Sie schätzen deswegen die Gabe nicht gering, aber sie achten den Geber höher. Sie sind dankbar für die Ströme des Segens, verlassen sich jedoch nur auf die Quelle.

Leider gibt es noch andere Hindernisse und Ursachen von Schwachheit:

- Wir können in einem gleichgültigen, kalten oder sogar verhärteten Herzenszustand die Zusammenkünfte besuchen.
- Wir können nur der Form nach, mit ungerichteten Herzen und mit ungebrochenem Willen in die Gegenwart des Herrn kommen.
- Wir können uns in einem unzufriedenen und anklagenden Geist – der überall Fehler sucht und findet, alles und jeden richtet, nur nicht sich selbst – mit den Glaubenden versammeln.

Dann sind wir bestimmt ein Hindernis für den Segen, das Gedeihen und die Freude der örtlichen Versammlung. Wir sind dann jener gebrochene Fingernagel, jener kranke Zahn oder jener verrenkte Fuss! Das alles macht uns traurig, ist demütigend und erschreckend! Wir wollen wachsam sein, beten und persönlich diese schlechte geistliche Haltung entschieden verurteilen!

Wie anders verhält es sich,

- wenn wir in einem Geist der Liebe und Gnade und in der Gesinnung Christi zu den Zusammenkünften gehen;
- wenn wir uns freuen, mit unseren Glaubensgeschwistern zum Brotbrechen, zur Wortverkündigung oder zum Gebet zusammenzukommen;

- wenn wir mit tiefer und herzlicher Liebe alle Glieder des Leibes Christi umfassen;

- wenn unsere Augen nicht getrübt und unsere Zuneigungen zu den Glaubenden nicht durch Argwohn und Verdächtigung oder durch lieblose Gefühle kalt geworden sind;

- wenn wir von Gott gelehrt sind, unsere Glaubensgeschwister zu lieben, sie «vom Gipfel der Felsen» her zu sehen und sie mit «einem Gesicht des Allmächtigen» zu betrachten (4. Mose 23,9; 24,4);

- wenn wir bereit sind, aus allem, was der Herr uns sendet, Nutzen zu ziehen, auch wenn es nicht durch eine glänzende Gabe oder einen beliebten Lehrer geschieht.

Dann sind wir für die örtliche Versammlung ein Segen. Kämen wir alle in dieser Gesinnung in die Gegenwart des Herrn, so wäre dort die Atmosphäre des Himmels selbst. Der Name Jesu würde sein wie ein ausgegossenes Salböl. Jedes Auge wäre auf Ihn gerichtet, jedes Herz von Ihm erfüllt. Das wäre ein grösseres Zeugnis, als es durch die herrlichste Gabe abgelegt werden könnte.

Bitten wir darum den Herrn,

- dass Er seinen Segen über alle örtlichen Versammlungen auf der ganzen Erde ausgiesse;

- dass Er sie von jedem Hindernis, jedem Druck, jedem Stein des Anstosses und jeder Wurzel der Bitterkeit befreie;
- dass Er die Herzen aller Christen in gegenseitigem Vertrauen und echter brüderlicher Liebe fest miteinander verbinde;
- dass Er die Bemühungen seiner Diener überall auf der Erde segne;
- dass Er mit dem Wort aus 1. Korinther 15,58 ihre Herzen ermutige und ihre Hände stärke: «Seid fest, unbeweglich, allezeit überströmend in dem Werk des Herrn, da ihr wisst, dass eure Mühe nicht vergeblich ist im Herrn.»

Im Dienst für den Herrn

Eifer und Hingabe im Dienst für den Herrn

Der Weise gewinnt Seelen *(Sprüche 11,30).*

Andreas findet zuerst seinen eigenen Bruder Simon und spricht zu ihm: Wir haben den Messias gefunden (was übersetzt ist: Christus). Er führte ihn zu Jesus *(Johannes 1,41.42).*

Die Liebe des Christus drängt uns *(2. Korinther 5,14).*

Wir leben in einer so ernsten Zeit!

Der Tag der Geduld und Gnade Gottes neigt sich schnell seinem Ende zu. Der Tag des Zorns kommt immer näher. Während die Welt zweifellos einer schrecklichen Krise entgegeneilt, treiben beständig unsterbliche Seelen auf dem Strom der Zeit in das endlose Meer der Ewigkeit.

Wie berührt uns diese Tatsache? Was tun wir angesichts dieser Szene? Wie entsprechen wir unserer vierfachen Verantwortung: gegenüber Gott, gegenüber den Glaubenden, gegenüber Sündern – die in ihr

Verderben rennen –, und gegenüber unserer eigenen Seele? Wir wollen mit dieser ernsten Frage in die Gegenwart Gottes gehen und sie dort in ihrer grossen Tragweite zu erfassen suchen!

Tun wir wirklich alles, was wir können, um die Sache des Herrn, das Gedeihen seiner Versammlung und die Verbreitung des Evangeliums zu fördern? Ich befürchte, dass wir die Gnade, das Licht und die Erkenntnis, die Gott uns gegeben hat, nicht richtig einsetzen. Ich befürchte, dass wir nicht treu und fleissig mit unseren Talenten handeln. Wie oft sind Menschen mit weniger Erkenntnis viel brauchbarer und fruchtbarer in guten Werken. Gott kann sie mehr zur Bekehrung wertvoller Seelen benutzen. Woher kommt das? Sind wir, du und ich, genug leer von uns selbst und genug im Gebet? Ist unser Glaubensauge schlicht auf den Herrn gerichtet?

Du sagst vielleicht: Es ist armselig, mit sich selbst und seinen Werken beschäftigt zu sein. Richtig! Aber wenn unsere Wege und Werke nicht so sind, wie sie sein sollten, dann *müssen* wir uns mit ihnen beschäftigen und sie richten. Der Herr forderte sein Volk auf:

> ***Richtet euer Herz auf eure Wege*** *(Haggai 1,5).*

Zu den meisten der sieben Versammlungen in Kleinasien sagte der Herr: «Ich kenne deine *Werke.*» Es besteht die grosse Gefahr, dass wir mit unserer Erkenntnis, unseren Grundsätzen und unserer Stellung zufrieden sind und gleichzeitig in einer weltlichen, selbstsüchtigen und gleichgültigen Haltung leben! Wir wollen uns deshalb dem Wirken des Herrn öffnen, damit Er in uns eine brennende Liebe für Ihn und sein Werk weckt.

IM DIENST FÜR DEN HERRN

Deine vom Herrn empfangene Gabe

Sieh auf den Dienst, den du im Herrn empfangen hast, dass du ihn erfüllst *(Kolosser 4,17).*

Als Christen können wir einander sehr leicht im Weg stehen, wenn nicht jeder von uns das ihm von Gott bestimmte Werk tut. Ich betone «von *Gott* bestimmt». Wir haben kein Recht, unsere Aufgabe selbst zu wählen. Wenn der Herr den einen zum Evangelisten, den anderen zum Lehrer, einen dritten zum Hirten und einen vierten zum Ermahner bestimmt hat, wie muss dann das Werk ausgeführt werden? Sicher nicht, indem der Evangelist zu lehren und der Lehrer zu ermahnen beginnt! Auch nicht, indem einer, der zu keinem von beidem befähigt ist, beides tun will. Nein, jeder soll die ihm von Gott verliehene Gabe ausüben.

Zweifellos kann der Herr nach seinem Gutdünken eine Person mit mehreren Gaben ausrüsten. Aber das berührt nicht den Grundsatz, den wir hervorheben: Jeder von uns ist verantwortlich, den besonderen Weg, auf dem er für den Herrn arbeiten soll, zu erkennen und zu gehen. Wird dies nicht beachtet, so entsteht die grösste Verwirrung. Gott hat seine Steinbrecher, seine Steinhauer und seine Maurer. Das Werk geht voran, wenn jeder Arbeiter seine Aufgabe fleissig ausübt. Wenn alle Steinbrecher wären, wo blieben die Steinhauer, wenn alle Steinhauer, wo die Maurer? Wer die göttliche Ordnung missachtet und die Gabe eines anderen nachzuahmen sucht, fügt dem Werk des Herrn in der Welt grossen Schaden zu. Nichts ist sinnloser als das. Gott wiederholt sich nie. Es gibt weder zwei gleiche Gesichter noch zwei gleiche Blätter im Wald noch zwei gleiche Grashalme auf der Wiese. Warum sollten wir das Werk eines anderen ausüben oder nach der Gabe eines anderen streben?

Jeder begnüge sich damit, das zu sein, was sein Meister aus ihm gemacht hat. Das ist das Geheimnis echten Friedens und wirklichen Fortschritts.

Das alles findet eine lebendige Illustration im inspirierten Bericht über den Dienst der drei voneinander unterschiedenen Klassen der Leviten. Lies dazu 4. Mose 3,14-37.

Im Dienst für den Herrn

Der Christ – ein Kanal

> ***Jesus rief und sprach: Wenn jemand dürstet, so komme er zu mir und trinke! Wer an mich glaubt, wie die Schrift gesagt hat, aus dessen Leib werden Ströme lebendigen Wassers fliessen*** *(Johannes 7,37.38).*

Der Christ soll sich als Kanal betrachten, durch den sich die reiche Gnade des Herrn Jesus zum Besten für eine hilfsbedürftige Welt ergiesst. Je grosszügiger er austeilt, desto grosszügiger wird er empfangen. «Da ist einer, der ausstreut, und er bekommt noch mehr; und einer, der mehr spart, als recht ist, und es ist nur zum Mangel» (Sprüche 11,24). Dies ist für den Gläubigen sowohl ein herrliches Vorrecht als auch eine ernste Verantwortung. Er ist berufen, ständig ein Zeuge der Gnade Dessen zu sein, an den er glaubt.

Je mehr er das Vorrecht wahrnimmt, desto mehr wird er der Verantwortung entsprechen. Wenn er gewohnt ist, sich geistlich von Christus zu nähren, wird er Ihn auch darstellen. Je mehr der Glaubende durch das Wirken des Geistes sein Auge auf Jesus richtet, desto mehr wird sein Herz mit der herrlichen Person des Herrn beschäftigt sein. Die Folge davon ist, dass sein Leben und sein Charakter ein eindeutigeres Zeugnis von seiner Gnade ablegen.

Der Glaube ist die Kraft des Dienstes, des Zeugnisses und der Anbetung. Wenn wir nicht «durch den Glauben an den Sohn Gottes» leben, «der uns geliebt und sich selbst für uns hingegeben hat», so werden wir weder nützliche Diener noch treue Zeugen noch echte Anbeter sein. Vielleicht wirken wir dann viel, aber es ist kein Dienst für Christus. Vielleicht reden wir dann viel, aber es ist kein Zeugnis für Christus. Vielleicht tragen wir dann viel Frömmigkeit und Demut zur Schau, aber es ist keine echte, geistliche Anbetung.

Im Dienst für den Herrn

Öffentlich und in den Häusern

> ***Ich habe nichts zurückgehalten von dem, was nützlich ist, dass ich es euch nicht verkündigt und euch gelehrt hätte, öffentlich und in den Häusern*** *(Apostelgeschichte 20,20).*

Diese Worte stammen aus der Abschiedsrede des Apostels Paulus an die Ältesten von Ephesus. Sie zeigen deutlich die innere Verbindung zwischen dem Wirken des Lehrers und des Hirten.

Paulus war nicht nur Apostel. Er besass gleichzeitig noch die Gaben des Evangelisten, des Hirten und des Lehrers. Die beiden letzteren sind eng miteinander verbunden, wie wir aus Epheser 4,11 erkennen. Es ist wichtig, diese Verbindung zu verstehen und anzuerkennen.

- Der Lehrer stellt die Wahrheit dar – der Hirte wendet sie an.
- Der Lehrer erleuchtet das Verständnis – der Hirte befasst sich mit dem Zustand des Herzens.

- Der Lehrer setzt geistliche Nahrung vor – der Hirte achtet darauf, wie sie aufgenommen wird.

- Der Lehrer befasst sich mehr mit dem Wort – der Hirte trägt Sorge für die Seelen.

- Der Lehrer arbeitet vor allem öffentlich – der Hirte dient hauptsächlich in einer privaten Umgebung.

Sind diese beiden Gaben in der gleichen Person vereint, so gibt die Fähigkeit zum Unterweisen dem Hirten eine grosse moralische Kraft und verleiht die Gabe des Hirten dem Lehrer eine besonders zarte Liebe.

Wir dürfen einen Hirten nicht mit einem Ältesten oder Aufseher verwechseln. Diese beiden Dienste sind verschieden. Älteste und Aufseher sind identisch, aber ein Hirte unterscheidet sich deutlich von ihnen. «Ältester» ist ein örtliches Amt. «Hirte» ist eine Gabe. Weder in 1. Korinther 12 und 14 noch in Epheser 4 werden Älteste und Aufseher erwähnt, obwohl in diesen Stellen das Thema der Gaben ausführlich behandelt wird.

Wir müssen zwischen den Gaben und den örtlichen Ämtern sorgfältig unterscheiden. Die Ältesten oder Aufseher sind da, um zu leiten und zu überwachen. Die Lehrer und Hirten aber sollen nähren und auferbauen. Vielleicht ist ein Ältester zugleich ein Lehrer oder ein Hirte. Dann soll er sein Amt von seiner Gabe unterscheiden, er darf sie nie miteinander verwechseln.

In diesem Artikel wollen wir nicht weiter die Unterschiede zwischen geistlichen Gaben und örtlichen Ämtern zeigen, sondern die Aufmerksamkeit auf die grosse Wichtigkeit der Hirtengabe in der Versammlung Gottes lenken. Wir wollen Christus, das Haupt der Versammlung, ernstlich bitten, dass Er diese wertvolle Gabe mehr austeile. In Ihm sind wir nicht begrenzt. Seine Hilfsquellen für das geistliche Leben erschöpfen sich nie. Unser Herr Jesus Christus liebt seine Versammlung und hat Freude daran, seinen Leib zu nähren und zu pflegen. Er möchte auf alle Bedürfnisse mit seiner unendlichen Fülle antworten.

In der Versammlung Gottes macht sich eln grosses Bedürfnis nach Hirtenpflege bemerkbar. Wer den wahren Zustand der Versammlung kennt und weiss, was Hirtendienst ist, kann dies nur bestätigen. Wie selten ist doch der geistliche Hirte! Es ist leicht, sich diesen Namen zu geben und dementsprechend ein gewisses Amt auszuüben. Aber echter Hirtendienst ist weder ein Titel noch ein Amt, sondern eine lebendige Wirklichkeit. Es ist eine göttliche Gabe, die der Herr als das Haupt der Versammlung zum Wachstum und zum Segen ihrer Glieder gibt.

Ein wirklicher Hirte besitzt nicht nur diese echte, geistliche Gabe. Nein, er wird auch von der gleichen Zuneigung angespornt, die der Herrn Jesus für jedes Schaf, jedes Lamm der Herde empfindet, die Er durch sein Blut erkauft hat.

Wir wiederholen es: Es geht um jedes Schaf und jedes Lamm. Ein echter Hirte ist ein Hirte für die ganze Versammlung. Er hat ein Herz, eine Botschaft, einen Dienst für jedes Glied des Leibes des Christus.

Beim Ältesten oder Aufseher ist dies nicht der Fall. Dieser übt seine Aufgabe in der örtlichen Versammlung aus. Aber das Tätigkeitsfeld des Hirten erstreckt sich auf die ganze Versammlung Gottes, wie auch der Bereich des Evangelisten die ganze Welt umfasst. Ein Hirte ist Hirte in New York, in Paris oder in Sydney. Seine wertvolle Tätigkeit geschieht überall, wohin der Herr ihn führt. Der Gedanke, dass der Dienst eines Hirten auf eine bestimmte Gemeinde begrenzt sei, für die er gleichzeitig die Funktionen eines Evangelisten, eines Lehrers, eines Ältesten oder Aufsehers ausüben muss, ist der Belehrung des Neuen Testamentes völlig fremd.

Leider gibt es nur wenig echte Hirten! Wie selten sind die Gabe des Hirten und das Herz eines Hirten! Wo finden wir solche, die wirklich «öffentlich und in den Häusern» der Herde Gottes dienen? Vielleicht wird einer am Sonntag eine kurze Botschaft ausrichten oder an einem Wochentag das Wort Gottes erklären – aber wie wird «in den Häusern» für den Herrn gearbeitet? Wo sind Tag für Tag die fleissigen, ernsten und angepassten Bemühungen um einzelne Menschen? Oft geht die öffentliche Belehrung über die Köpfe der Zuhörer hinweg. Die Unterweisung in den Häusern hingegen wird meist besser aufgenommen. Manchmal kommt es vor, dass eine öffentlich ausgesprochene Wahrheit falsch verstanden und angewendet wird, bis im Gespräch mit einem Hirten der wahre Sinn und die richtige Anwendung klar wird.

Doch das ist nicht alles. Im Bereich des Hirten gibt es vieles, das der Lehrer nicht öffentlich behandeln kann. Zweifellos ist die Belehrung in der Öffentlichkeit überaus wichtig. Hätten wir nur mehr davon, denn die Tätigkeit des Lehrers ist wertvoll! Und wenn sie von der taktvollen Liebe eines Hirtenherzens durchdrungen ist, so kann sie tief in die verschiedenen Bedürfnisse der Einzelnen eindringen. Der Hirte aber, der voller Liebe und mit ernstem Gebet treu von Haus zu Haus geht, findet Zugang zu den verborgenen Seelenübungen, den Herzensnöten, den verwirrenden Fragen des Geistes und den ernsten Schwierigkeiten des Gewissens. Er kann mit dem tiefen Mitgefühl eines liebenden Herzens auf die tausend kleinen Situationen und Probleme des Lebens eingehen. Er kann mit denen, die geprüft, versucht und bedrückt sind, die Knie vor dem Thron der Gnade beugen. So können sie gemeinsam im Gebet ihr Herz ausschütten und den wohltuenden Trost vom Vater der Erbarmungen und Gott allen Trostes empfangen.

Diese Möglichkeit hat der Lehrer in der Öffentlichkeit nicht. Wenn er neben der Lehrgabe auch eine Hirtengabe besitzt, kann er sicher in seiner öffentlichen Botschaft die meisten Mühen, Schwierigkeiten und persönlichen Übungen der Glaubenden aufgreifen. Aber er kann nicht genügend auf die individuellen Bedürfnisse eintreten. Das gehört zur heiligen Arbeit des Hirten. Es scheint uns, dass der Hirte für die Seele das ist, was der Arzt für den Körper. Er muss sowohl die einzelnen Störungen als auch die verschiedenen Heilmittel kennen. Er muss den geistlichen Zustand erkennen und die richtige Arznei anwenden können. Noch einmal: Wie wenig solche Hirten gibt es und welch ein Unterschied besteht zwischen denen, die bloss den Namen eines Hirten tragen, und denen, die diesen Dienst tun.

Darum bitten wir euch eindringlich: Betet mit uns glaubensvoll zu Gott, damit Er echte Hirten für seine Herde erwecke! Wir empfinden ein tiefes Bedürfnis dafür. Denn die Schafe des Herrn Jesus werden sonst nicht genügend ernährt und erfahren nicht ausreichend Pflege. Warum ist das so? Weil wir dermassen mit unseren eigenen Angelegenheiten beschäftigt sind und keine Zeit finden, uns mit der geliebten Herde des Herrn zu beschäftigen!

Selbst wenn das Volk Gottes versammelt ist, gibt es für einzelne wertvolle Seelen oft nur wenig Nutzbringendes. Wir lassen uns im Vorschlagen von Liedern und in den Gebeten häufig so wenig vom Geist leiten. Die Herde wird nur selten zu den grünen Auen der Heiligen Schrift und zu den stillen Wassern der göttlichen Liebe geführt! Dann gibt es während der Woche so wenig liebevolle Hilfe eines Hirten, so wenig zarte Fürsorge für die Glieder des Leibes. Es scheint, dass wir für nichts Zeit haben und jeden Augenblick durch Arbeit in Anspruch genommen werden, damit wir die irdischen Bedürfnisse unserer Familien befriedigen können. Es ist immer wieder die gleiche, traurige Geschichte:

> ***Alle suchen das Ihre, nicht das, was Jesu Christi ist*** *(Philipper 2,21).*

Wie ganz anders verhielt sich der Apostel! Er fand Zeit, Zelte zu machen und auch Zeit, «öffentlich und in den Häusern» zu lehren. Er war nicht nur ein eifriger Evangelist und ein begabter Lehrer, der durch die Länder zog und Versammlungen auferbaute. Nein, er war auch ein liebender Hirte und ein weiser geistlicher Arzt. Er besass ein Herz für Christus, für die Versammlung und für jeden Erlösten. Darin liegt das echte Geheimnis des Dienstes. Es ist erstaunlich, was ein Herz voller Liebe erreichen kann. Wenn ich die Versammlung wirklich liebe, suche ich nur ihren Segen und ihr Wachstum. Ich bemühe mich, daran mitzuarbeiten, und zwar mit den Gaben und Fähigkeiten, die mir der Herr gegeben hat.

Wir wollen den Herrn bitten,

- dass Er in der Mitte seines Volkes Hirten und Lehrer erwecke,
- dass es Männer nach seinem Herzen sind: voll Heiligen Geistes und getrieben durch eine echte Liebe für seine Versammlung,

- dass sie von Ihm ausgerüstet werden, damit sie bereit sind, «öffentlich und in den Häusern» zu lehren.

Im Dienst für den Herrn

Zwei verschiedene Samen

Du sollst deinen Weinberg nicht mit zweierlei Samen besäen *(5. Mose 22,9).*

Das ist ein wichtiger Grundsatz! Wir befürchten, dass heute viel «vermischter Samen» gesät wird. Vielfach wird in der Christenheit die Predigt des Wortes mit «Philosophie und eitlem Betrug» und mit den «Elementen der Welt» vermischt (Kolosser 2,8)! Selten wird in unserer Zeit der Same des Wortes Gottes auf dem weiten Feld der Christenheit rein und unverfälscht ausgestreut. Verhältnismässig klein ist die Zahl derer, die sich mit der Bibel begnügen, um aus ihr das Material für ihren Dienst zu schöpfen. Solche, die sich durch Gottes Gnade treu daran halten, werden als einseitig und engherzig betrachtet. Man zählt sie zur alten Schule und hält sie für solche, die weit hinter ihrer Zeit zurückgeblieben sind.

Wenn das auch so ist, so können wir Gott nur herzlich bitten, dass Er diese «einseitigen» Männer aus der guten alten apostolischen Schule segne. Wir beglückwünschen sie von ganzem Herzen, weil sie so «engherzig» sind und so weit hinter der gegenwärtigen Zeit des Unglaubens und der Finsternis zurückbleiben. Denn wir sind überzeugt: Jeder echte Diener des Herrn darf nur von *einem* Gedanken geleitet werden – und dieser Gedanke ist Christus. Zudem muss er der ältesten Schule angehören – der Schule des Herrn Jesus. Er muss so «engherzig» sein wie die Wahrheit Gottes und darf nicht um ein Haarbreit von ihr abweichen.

Wir haben den Eindruck, dass die Anstrengungen der Prediger und Lehrer der Christenheit, mit der heutigen Literatur Schritt zu halten, zum grossen Teil an den schnellen Fortschritten des Vernunftglaubens und des Unglaubens schuld sind. Diese Verkündiger haben sich von der Bibel entfernt und wollen ihren Dienst mit dem schmücken, was Philosophie, Wissenschaft und Literatur ihnen bietet. Auf diese Weise wirken sie mehr auf den Verstand als auf das Herz und Gewissen ihrer Zuhörer ein. Die reine und wertvolle Lehre der Heiligen Schrift, die unverfälschte Milch des Wortes, das Evangelium von der Gnade Gottes und der Herrlichkeit des Herrn betrachten sie als ungenügend, um grosse Gemeinden zu sammeln und zusammenzuhalten.

Israel verachtete einst das Manna. Es hatte dieses Brot vom Himmel satt und nannte es eine elende Speise. Genauso hat die bekennende Christenheit keine Freude mehr daran, sich allein von der reinen Lehre des christlichen Glaubens, wie sie im Neuen Testament gezeigt wird, zu nähren. Sie begann Nahrung für den Verstand und die Einbildungskraft zu suchen. Die Lehre vom Kreuz, die für den Apostel Paulus so entscheidend war, hat ihren Reiz für sie verloren. Darum gilt jeder, der noch in persönlicher Treue an dieser Lehre festhält und seinen Dienst darauf beschränkt, sie zu verkündigen, bei der grossen Masse der Christenheit als unpopulär.

Wie steht es da bei uns? Halten wir als treue Diener des Herrn unbeirrt und mit unveränderter Energie am Grundsatz fest, nicht «zweierlei Samen» auszustreuen? Wenn wir in der Ausübung unseres Dienstes in keiner Weise vom «Bild gesunder Worte» abweichen und das «Wort der Wahrheit recht teilen», werden wir uns nicht schämen müssen. Am Tag, an dem das Werk jedes Arbeiters geprüft wird, werden wir vollen Lohn empfangen (2. Timotheus 1,13; 2,15).

Wissenschaftliche Gelehrsamkeit ist *an ihrem Platz* sehr nützlich. Welcher vernünftige Mensch möchte z.B. den Wert und die Wichtigkeit einer gründlichen Kenntnis der hebräischen und griechischen Sprache bei der Übersetzung des Wortes Gottes aus dem Urtext bezweifeln? Doch der Grundsatz bleibt bestehen: Der Heilige Geist bildet die einzige Kraft und die Bibel die einzige Grundlage für jeden echten Dienst im Werk des Herrn.

Im Dienst für den Herrn

Widerspruch gegen Gottes Wort

Was ist die wirkliche Quelle des Widerspruchs gegen Gottes Wort? Wo liegt die Ursache, dass sowohl gegen das verkündigte als auch gegen das geschriebene Wort Sturm gelaufen wird? Wenn wir die richtige Antwort darauf finden, sind wir in der Lage, jenen Widerspruch richtig zu beurteilen.

Es ist der *Teufel,* der das Wort Gottes hasst. Für seinen Widerstand benutzt er die Gelehrsamkeit der Ungläubigen. Er lässt durch sie Bücher schreiben, die beweisen sollen, dass die Bibel nicht Gottes Wort sei, weil sie Irrtümer und Widersprüche enthalte. Nicht nur das: Jene Gelehrten behaupten auch, im Alten Testament gäbe es Gesetze und Verordnungen, Satzungen und Gebräuche, die eines gnädigen und wohlwollenden Wesens ganz und gar unwürdig seien.

Auf alle Beweisführungen dieser Art haben wir nur eine kurze und bestimmte Antwort. Von allen diesen *ungläubigen* Gelehrten sagen wir einfach: Sie wissen und verstehen nichts von der ganzen Sache. Sie mögen gelehrt und in der allgemeinen Literatur gut bewandert sein. Sie mögen ein richtiges Urteil über beliebige Gegenstände auf dem Gebiet der Philosophie fällen können. Sie mögen imstande sein, tief und selbstständig zu denken, sowie wissenschaftliche Fragen jeder Art genau zu untersuchen. Sie mögen schliesslich einen liebenswürdigen edlen Charakter haben sowie aufrichtig, wohlwollend, menschenfreundlich und geachtet sein. All das ist möglich. Aber wenn sie nicht bekehrt sind und der Geist Gottes nicht in ihnen wohnt, sind sie völlig unfähig, sich über das Wort Gottes ein Urteil zu bilden oder gar abzugeben. Was würde man von einem blinden Menschen denken, der sich anmasst, eine Kritik über «Mona Lisa» von Leonardo da Vinci zu schreiben? Würde man ihm nicht einstimmig mitteilen, er sei völlig unfähig, dieses Gemälde zu beurteilen?

> ***Der natürliche Mensch aber nimmt nicht an, was des Geistes Gottes ist, denn es ist ihm Torheit, und er kann es nicht erkennen, weil es geistlich beurteilt wird*** *(1. Korinther 2,14).*

Mit Gott durch Schwierigkeiten

Wie lernen wir Gott kennen?

> ***Niemand hat Gott jemals gesehen; der eingeborene Sohn, der im Schoss des Vaters ist, der hat ihn kundgemacht*** *(Johannes 1,18).*

Diese göttliche Wahrheit ist einfach und bestimmt: Jesus Christus offenbart uns Gott und den Vater. Wir sind nicht auf ein Geschöpf angewiesen, um zu lernen, wer Gott ist – obwohl wir in der Schöpfung seine Macht, Weisheit und Güte erkennen. Wir werden auch nicht auf das Gesetz hingewiesen – obwohl wir darin die tiefen Geheimnisse göttlicher Regierung entdecken. Nein, wenn wir wissen wollen, wer und was Gott ist, so müssen wir den Herrn Jesus anschauen.

Der Herr Jesus ist der eingeborene Sohn Gottes, der vor Grundlegung der Welt im Schoss des Vaters war. Dort war der Sohn seine ewige Freude und der Mittelpunkt seiner Ratschlüsse. Ihm galten seine Zuneigungen. Getrennt von Jesus Christus können wir nicht erkennen, wer Gott ist. Aber «in ihm wohnt die ganze Fülle der Gottheit leibhaftig» (Kolosser 2,9).

Der Gott, der sprach: Aus Finsternis leuchte Licht, ist es, der in unsere Herzen geleuchtet hat zum Lichtglanz der Erkenntnis der Herrlichkeit Gottes im Angesicht Jesu Christi *(2. Korinther 4,6).*

Mit Gott durch Schwierigkeiten

Überlegungen des Unglaubens

Der Unglaube bleibt sich immer gleich. Er brachte David soweit, zu denken: «Nun werde ich eines Tages durch die Hand Sauls umkommen; mir ist nichts besser, als dass ich schnell in das Land der Philister entkomme» (1. Samuel 27,1). Doch wie wurden die Umstände geführt? Saul fiel auf dem Gebirge Gilboa und Davids Thron wurde ewig befestigt!

Der gleiche Unglaube trieb Elia in einem Augenblick tiefer Niedergeschlagenheit in die Flucht, um sein Leben vor der Rachsucht und den Drohungen Isebels zu retten. Was geschah aber? Isebel wurde auf die Strasse geworfen, wo sie zerschmetterte. Elia hingegen fuhr in einem feurigen Wagen im Sturmwind zum Himmel.

Den Israeliten erging es in den ersten Stunden ihrer Befreiung ähnlich. Sie meinten, der Herr habe sie aus Ägypten errettet, um sie in der Wüste sterben zu lassen. Sie bildeten sich ein, sie seien durch das Blut des Passahlammes nur erlöst worden, um in der Wüste begraben zu werden.

So überlegt der Unglaube immer. Er geht von den Schwierigkeiten aus und will das Handeln Gottes *ohne Ihn* erklären, statt sich mit den Problemen in Gottes Gegenwart auseinanderzusetzen. Der Glaube aber erhebt sich über die Prüfungen und nimmt zu einem treuen, mächtigen und liebenden Gott Zuflucht. Der Erlöste hat das Vorrecht, jederzeit in Gottes Gegenwart zu sein. Er ist durch das Blut Jesu Christi dahin gebracht worden und soll sich durch keine Prüfung daraus vertreiben lassen. Den Platz selbst kann er nie verlieren, weil Christus als sein Herr und Stellvertreter dort für ihn lebt. Doch es ist leicht möglich, sich den Genuss, die Erfahrung und die Kraft, die er dort findet, rauben zu lassen. Wie geschieht denn das praktisch?

Wenn sich die Prüfungen zwischen den Herrn und unser Herz stellen, geniessen wir seine Gegenwart nicht mehr, sondern leiden unter unseren Problemen. Es geht uns dann so, wie wenn sich eine Wolke zwischen uns und die Sonne schiebt: Sie verdeckt für eine Zeit das Licht der Sonnenstrahlen. Die Wolke hindert die Sonne nicht am Leuchten, aber sie hält uns ab, die Sonne zu geniessen. So müssen wir auch zugeben: Kummer und Sorge rauben uns häufig das Licht der Güte und der Gnade unseres Vaters, obwohl es ununterbrochen und mit unverändertem Glanz im Angesicht von Jesus Christus leuchtet. Für unseren Gott ist keine Schwierigkeit zu gross. Darum: Je grösser das Problem ist, desto mehr wird sich zeigen, wie Er als der Gott aller Gnade und der Kraft helfen kann.

Mit Gott durch Schwierigkeiten

Das Auge Hobabs

> ***Mose sprach zu Hobab, dem Sohn Reghuels, des Midianiters, des Schwiegervaters Moses: Wir brechen auf zu dem Ort, von dem der Herr gesagt hat: Ich will ihn euch geben. Zieh mit uns, so werden wir dir Gutes tun; denn der Herr hat Gutes über Israel geredet. Und er sprach zu ihm: Ich will nicht mitziehen, sondern in mein Land und zu meiner Verwandtschaft will ich gehen. Und er sprach: Verlass uns doch nicht! Denn du weisst ja, wo wir in der Wüste lagern sollen; und du wirst unser Auge sein*** *(4. Mose 10,29-31).*

Wozu brauchte Mose die Augen Hobabs? War der Herr nicht genug? Kannte Er die Wüste nicht? Hätte Er zugelassen, dass sie sich verirrten? Wozu waren die Wolke und die silbernen Trompeten da? Waren sie nicht besser als die Augen Hobabs? Warum suchte Mose menschliche Hilfe?

So fragen wir uns vielleicht und wundern uns über sein Verhalten. Aber sehen wir in ihm nicht die Neigung unserer eigenen Herzen, sich lieber auf das Geschöpf als auf den lebendigen Gott zu stützen?

Wie gern suchen wir Halt in dem, was unsere Augen sehen können! Wir sind nicht gern für jeden Schritt der Reise von Gott abhängig. Wir finden es schwierig, uns nur auf eine unsichtbare Kraft zu stützen. Einen Führer wie Hobab, den wir sehen können, flösst uns mehr Vertrauen ein, als der lebendige Gott, den wir nicht sehen. Wir gehen mutig vorwärts, wenn wir die Stütze und Hilfe eines Sterblichen besitzen, der uns vertrauenswürdig scheint. Aber wir zögern, schwanken und bekommen es mit der Angst zu tun, wenn wir aufgefordert werden, im schlichten Glauben an Gott einen Schritt zu tun.

Wir sind alle geneigt, uns auf einen menschlichen Arm zu stützen – sogar bei tausend Beispielen, die uns beweisen, wie sinnlos es ist. Wie oft haben wir erlebt, wie nutzlos das Vertrauen auf Menschen ist. Dennoch stützen wir uns immer wieder darauf.

Anderseits haben wir wiederholt erfahren, dass uns Gott nie vernachlässigt oder enttäuscht hat. Im Gegenteil, Er hat viel mehr getan, als wir Ihn gebeten haben. Trotzdem sind wir immer wieder bereit, Ihm zu misstrauen und uns auf einen «geknickten Rohrstab» zu stützen oder aus «geborstenen Zisternen» zu schöpfen (Jesaja 36,6; Jeremia 2,13).

Ja, so verhalten wir uns! Aber – gepriesen sei Gott – seine Gnade ist uns gegenüber unerschöpflich, wie einst gegenüber Israel bei der Gelegenheit, die wir betrachten. Wenn Mose auf Hobab schaute und von ihm geführt werden wollte, dann lehrte der HERR seinen Knecht, dass Er selbst als Führer vollkommen genügte:

> ***Sie brachen vom Berg des HERRN auf, drei Tagereisen weit, und die Lade des Bundes des HERRN zog drei Tagereisen vor ihnen her, um ihnen einen Ruheort zu erkunden*** *(4. Mose 10,33).*

Gott zeigte Mose und dem ganzen Volk deutlich, dass Er auch als Führer weit besser war als zehntausend Hobabs.

So ist unser Gott immer geduldig, barmherzig, mächtig und heilig. In seiner grossen Gnade stellt Er sich immer über unseren Unglauben und unsere Fehltritte. Er zeigt sich in seiner Liebe über alle Hindernisse erhaben, die unsere Untreue aufstellen möchte.

Mit Gott durch Schwierigkeiten

Ich habe einen Fehler gemacht!

Wie schwer tun wir uns oft, wenn wir etwas Unrechtes getan oder gesagt haben, diese Fehler vor unseren Glaubensgeschwistern einzugestehen! Gleichzeitig geben wir in sonderbarem Widerspruch damit zu, dass wir als schwache und irrende Menschen zu allem fähig sind, wenn wir uns selbst überlassen bleiben.

Aber es ist etwas anderes, ein allgemeines Bekenntnis abzulegen, als in einem bestimmten Fall anzuerkennen, dass wir uns geirrt haben. Das letztere fällt vielen Christen äusserst schwer, weil sie um ihren guten Ruf besorgt sind. Es gibt solche, die kaum einmal zugestehen, dass sie unrecht getan haben.

Nicht so Mose. Ungeachtet seiner hohen Stellung als der vertraute und geliebte Diener des HERRN und als der Führer des Volkes Israel, steht er vor der Versammlung seiner Brüder und bekennt seinen Irrtum. Er gibt zu, dass er Worte geredet hat, die er nicht hätte sagen sollen. Er bekennt sogar, dass er eine dringende Bitte vor den HERRN gebracht habe, die ihm nicht erhört worden ist.

> ***In jener Zeit flehte ich zu dem HERRN und sprach: ... Lass mich doch hinüberziehen und das gute Land sehen, das jenseits des Jordan ist, dieses gute Gebirge und den Libanon. Aber der HERR war über mich erzürnt um euretwillen und hörte nicht auf mich; und der HERR sprach zu mir: Lass es genug sein; rede mir fortan nicht mehr von dieser Sache! Steige auf den Gipfel des Pisga, und erhebe deine Augen nach Westen und nach Norden und nach Süden und nach Osten, und schau mit deinen Augen; denn du wirst nicht über diesen Jordan gehen. Und gebiete Josua und stärke ihn und befestige ihn; denn er soll vor diesem Volk her hinüberziehen, und er soll ihnen das Land, das du sehen wirst, als Erbe austeilen*** *(5. Mose 3,23-28).*

Schätzen wir deshalb Mose weniger? Im Gegenteil, unsere Achtung wächst. Es ist schön, sein Bekenntnis zu hören und zu sehen, wie er sich demütig unter die Regierungsabsichten Gottes beugt. Es beeindruckt uns, wie selbstlos er gegenüber Josua handelt, der von Gott als Nachfolger für sein hohes Amt bestimmt war.

Mit Gott durch Schwierigkeiten

Die Erziehung des Vaters

> ***Dein Gott ist ein verzehrendes Feuer, ein eifernder Gott!*** *(5. Mose 4,24).*

Er verzehrt aber nicht uns, sondern das *Böse* in uns und unserem Leben. Er kann nichts dulden, was Ihm und seiner Heiligkeit widerspricht und daher unser echtes Glück und unseren wirklichen Segen verhindert.

Als der «heilige Vater» erzieht Er uns, damit wir Anteil an seiner Heiligkeit haben. Der Welt erlaubt Er jetzt, ihre eigenen Wege zu gehen, und befasst sich nicht öffentlich mit ihr. Aber Er richtet sein Haus, Er erzieht seine Kinder, damit sie mehr seinen Gedanken entsprechen und seinen Charakter darstellen. Ist das nicht ein unermessliches Vorrecht? Ja wirklich! Und es ist in der unendlichen Gnade unseres Gottes begründet. Er interessiert sich in wunderbarer Herablassung für alles, was uns betrifft. Er beschäftigt sich sogar mit unseren Schwachheiten, Fehlern und Sünden, um uns von ihnen zu befreien und uns an seiner Heiligkeit teilhaben zu lassen.

In Hebräer 12,5-11 wird dieses Thema sehr klar vorgestellt. Dort wird uns auch gezeigt, dass wir die Erziehung des Herrn auf drei verschiedene Weisen aufnehmen können:

- *Wir achten sie gering,* indem wir sie für etwas Gewöhnliches, Alltägliches ansehen, das jedem passieren kann. Dann erkennen wir nicht die Hand Gottes in ihr.
- *Wir ermatten unter ihr,* indem wir sie unerträglich finden und meinen, sie gehe über unsere Kräfte. In diesem Fall sehen wir weder das Herz des Vaters in ihr, noch seine gnädige Absicht, uns für seine Heiligkeit passend zu machen.
- *Wir werden durch sie geübt.* Das ist der rechte Weg, auf dem wir die «friedsame Frucht der Gerechtigkeit» ernten.

Wir dürfen nichts für belanglos halten, worin wir die Spuren der Hand Gottes verfolgen können. Wir brauchen in einer Prüfung nicht mutlos zu werden, in der wir klar das Herz eines liebenden Vaters erkennen. Er wird nie erlauben, dass wir über Vermögen versucht werden, sondern dafür sorgen, dass die Erprobung erträglich ausgeht (1. Korinther 10,13). Er ist ein Vater, der uns in seiner Gnade die Absicht mitteilt, die Er bei unserer Erziehung verfolgt. Jeder Schlag seiner Rute ist ein Beweis seiner Liebe und eine Antwort auf das Gebet unseres Herrn in Johannes 17,9.15. Dort befahl

Er uns der Fürsorge des «heiligen Vaters» an, der uns in seinem Namen und in allem, was dieser Name in sich schliesst, bewahrt.

Es gibt drei verschiedene Herzensstellungen gegenüber der göttlichen Erziehung:

- Wo unser Wille gebrochen ist, da zeigt sich *Unterordnung.*
- Wo die Absicht der Züchtigung erkannt wird, da kommt ruhige *Ergebenheit* in die Wege Gottes hinzu.
- Wo die Gefühle vom Herzen des Vaters angezogen werden, da entsteht *Freude.*

Wir gehen dann mit fröhlichem Herzen vorwärts und ernten zum Preis Gottes die friedsame Frucht der Gerechtigkeit. Der Vater hat es sich ja in seiner unergründlichen Liebe zur Aufgabe gemacht, für uns zu sorgen. Er schenkt jedem Einzelnen von uns seine volle Aufmerksamkeit, wie wenn wir seine einzigen Kinder wären.

Mit Gott durch Schwierigkeiten

Zerschlagen und gebeugt

> ***So spricht der Hohe und Erhabene, der in Ewigkeit wohnt und dessen Name der Heilige ist: Ich wohne in der Höhe und im Heiligtum und bei dem, der zerschlagenen und gebeugten Geistes ist, um zu beleben den Geist der Gebeugten und zu beleben das Herz der Zerschlagenen*** *(Jesaja 57,15).*

Das sind zeitgemässe Worte für uns alle. Was heute besonders fehlt, ist ein zerschlagener und gebeugter Geist! Neun Zehntel unserer Unruhe und Schwierigkeiten entspringen diesem Mangel.

Wie entschlossen könnten wir Tag für Tag in der Familie, in der Versammlung, in der Welt, in unserem ganzen praktischen Leben vorwärtsgehen, wenn das «Ich» unterworfen wäre und als gekreuzigt betrachtet würde!

Vieles, was uns sonst innerlich aufwühlt, wird unwichtig, wenn unsere Herzen wirklich in einem gebeugten Zustand sind.

Wir können dann,

- Beleidigungen und ungerechte Vorwürfe ertragen,
- Missachtung übersehen,
- unsere Launen und Vorurteile überwinden,
- anderen gegenüber nachgeben (wenn dadurch nicht göttliche Grundsätze missachtet werden),
- zu jedem guten Werk bereit sein,
- in unserem Umgang mit den Menschen eine wohltuende Weitherzigkeit an den Tag legen,
- in allem die Lehre unseres Heiland-Gottes zieren.

Aber leider steht es oft anders mit uns:

- Wir offenbaren ein hartes, unnachgiebiges Wesen,
- wir kämpfen für unsere Rechte,
- wir blicken auf unseren Vorteil,
- wir halten beharrlich an unserer eigenen Meinung fest.

All das beweist deutlich, dass unser «Ich» nicht gewohnheitsmässig in der Gegenwart Gottes erkannt und verurteilt wird.

Aber – wir wiederholen es mit Nachdruck – Gott will zerbrochenes Material haben. Er liebt uns zu sehr, als dass Er uns unserem Eigenwillen überlassen kann. Darum findet Er es oft nötig, uns in verschiedene Übungen zu führen. Er will uns in einen Zustand bringen, in dem Er uns zu seiner eigenen Verherrlichung gebrauchen kann.

Der Wille muss gebrochen werden. Selbstvertrauen, Selbstgefälligkeit und das Sich-für-wichtig-Nehmen müssen bei ihren Wurzeln abgeschnitten werden. Gott benutzt unsere Umgebung, unsere Lebenssituation und unsere Mitmenschen, um uns zu erziehen und unseren Willen zu unterwerfen. Er selbst nimmt uns in die Schule, damit wir lernen, unser Leben mehr nach seinem Willen auszurichten.

Mit Gott durch Schwierigkeiten

Gott in allem

Die Gewohnheit, Gott in allem zu sehen, hilft dem Gläubigen wie nichts anderes, die Prüfungen in seinem Leben zu ertragen. Es gibt kein Ereignis – scheint es noch so unbedeutend zu sein –, das nicht als Bote Gottes betrachtet werden kann. Die Frage ist nur,

- ob unser Ohr fähig ist, seine Botschaft darin wahrzunehmen,
- ob unser Sinn geistlich genug ist, diese Mitteilung zu verstehen.

Verlieren wir diese Tatsachen aus den Augen, dann wird das Leben langweilig und eintönig. Wir haben dann nichts anderes als unseren Alltagstrott vor Augen.

Wenn wir aber aufmerksam sind, können wir sowohl in den geringsten wie auch in den wichtigsten Angelegenheiten die Hand des Vaters sehen. Wir erkennen dann die Spuren der Gegenwart Gottes, die unser tiefstes Interesse für die Geschicke jedes einzelnen Tages wecken.

Das Buch Jona illustriert diese Tatsache sehr eindrücklich. Da lernen wir verstehen, dass für uns Christen nichts unbedeutend ist. In den gewöhnlichsten Ereignissen und in den einfachsten Umständen jener Geschichte sehen wir das besondere Eingreifen Gottes. Beachten wir den wiederholten Ausdruck: «Der HERR bestellte.»

Jona und der Sturm

Im ersten Kapitel wird uns erzählt, dass der Herr einen starken Sturm auf das Meer warf. Darin hätte das Ohr des Propheten seine feierlich ernste Stimme vernehmen können, wenn er wachsam gewesen wäre. Nur Jona musste belehrt werden. Nur für ihn wurde dieser göttliche Bote gesandt. Die heidnischen Seeleute waren zweifellos schon manchem Sturm begegnet. Das gehörte zu ihren gewohnten Erlebnissen. Aber für *einen* Menschen im Schiff sollte der Orkan ein Bote Gottes sein – für Jona. Doch der schlief im unteren Schiffsraum. Vergeblich versuchten die Matrosen den Sturm zu bekämpfen. Nichts wollte helfen, bis der HERR mit dem Sturm das Ohr von Jona, und damit sein Ziel erreicht hatte.

Jona und der Fisch

Wenn wir die Geschichte Jonas weiter verfolgen, finden wir neuen Anlass, zu sagen: Gott in allem!

Jona wurde ins Wasser geworfen. Doch auch hier war der Prophet für Gottes Boten erreichbar. Als Kinder Gottes befinden wir uns nie in einer Lage, in der die Stimme des Vaters nicht an unser Ohr gelangen oder die Hand Gottes uns nicht sichtbar werden kann. In allem können wir seine Stimme und seine Hand erkennen. Als Jona ins Meer geworfen wurde, «bestellte der HERR einen grossen Fisch». Auch hier sehen wir wieder: Für einen Glaubenden ist nichts ohne Bedeutung. Ein grosser Fisch war etwas Alltägliches, denn im Meer gibt es viele davon. Doch der Herr bestellte für Jona einen besonderen Fisch, denn er sollte ein Bote Gottes an den Propheten sein. Dieser Fisch verschlang Jona und spie ihn drei Tage später ans Land.

Jona und der Wunderbaum

In Kapitel 4 befand sich der Prophet östlich der Stadt Ninive, unzufrieden und ungeduldig. Er war niedergeschlagen, weil der Herr die Stadt noch nicht verwüstet hatte. Er bat Ihn, dass er sterben dürfe. Er schien alles vergessen zu haben, was er in den drei Tagen in der Tiefe des Meeres gelernt hatte. Der Allmächtige musste ihm daher einen neuen Boten schicken: «Gott der HERR bestellte einen Wunderbaum» (hebräisch: Kikajon = wahrscheinlich Rizinusstaude). In jenen Gegenden fand man gewiss nichts Ungewöhnliches an dieser Staude. Viele mochten schon Hunderte solcher Stauden gesehen und Schatten unter ihnen gefunden haben, ohne etwas Besonderes daran zu finden. Aber der «Wunderbaum» Jonas war von der Hand Gottes dorthin gesetzt worden. Er bildete ein Glied in der wichtigen Kette von Ereignissen, die der Prophet nach der Weisheit Gottes erleben musste. Dieser «Wunderbaum» war – so sehr er sich vom grossen Fisch unterschied – ebenfalls ein Bote Gottes für den Propheten. «Jona freute sich über den Wunderbaum mit grosser Freude.»

Vorher hatte er sterben wollen. Dieses Verlangen war mehr die Folge seiner Ungeduld und seines Unmuts gewesen, als ein heiliger Wunsch, zu sterben, um für immer in die ewige Ruhe einzugehen. Auch in uns erwecken oft mehr die gegenwärtigen Leiden als die herrliche Zukunft den Wunsch, abzuscheiden. Wir möchten manchmal einfach vom momentanen Druck erlöst werden. Aber sobald der Druck nachlässt, hört auch unser Verlangen nach dem Himmel auf.

Wenn wir uns wirklich nach dem Kommen des Herrn und nach seiner gesegneten Gegenwart in der Herrlichkeit sehnen, kann die aktuelle Lebenslage nichts daran ändern. Unsere Sehnsucht nach Christus im Himmel ist dann an sonnigen Tagen ebenso gross, wie an Tagen voller Probleme und Sorgen.

Als Jona im Schatten der Staude sass, dachte er nicht mehr ans Abscheiden. Seine Riesenfreude über den «Wunderbaum» bewies geradezu, wie sehr er diesen besonderen Boten Gottes nötig hatte. Diese neue Situation offenbarte nun den wahren Zustand seines Herzens, als er gebetet hatte: «HERR, nimm doch meine Seele von mir; denn es ist besser, dass ich sterbe, als dass ich lebe.»

Der Herr kann aus einer Staude ein Werkzeug machen, das die Geheimnisse des menschlichen Herzens enthüllt. So kann der Christ zu Recht behaupten: Gott ist in allen meinen Umständen. Er hört die Stimme Gottes im Toben des Sturms, sieht aber auch im langsamen Welken und Verdorren der Staude seine Hand.

Jona und der Wurm

Doch der «Wunderbaum» war nur ein Glied in der Kette. Wir lesen weiter: «Gott bestellte einen Wurm.» Dieser kleine Wurm war genauso ein ernster Bote Gottes wie «der heftige Wind» oder «der grosse Fisch». Ein Wurm, von Gott benutzt, kann Wunder tun: Die Staude Jonas verwelkte und erteilte ihm eine ernste Lektion. Bestimmt, dieser Wurm war ein unbedeutender Bote, der nur im Zusammenhang mit anderen seinen Auftrag ausrichten konnte. Aber dadurch tritt die Grösse und Weisheit unseres Vaters nur umso deutlicher hervor. Ob Er einen Wurm bestellt oder einen heftigen Sturmwind kommen lässt: Beide gehören zu seinem Plan – so verschieden sie auch sind. Der geistliche Christ sieht Gott in allem.

Der Sturm, der grosse Fisch, der Wunderbaum und der Wurm – alle waren sie Werkzeuge in der Hand Gottes. Ob unbedeutend oder hervorragend – jeder göttliche Bote diente seinen Absichten. Wer wäre auf den Gedanken gekommen, dass ein kleiner Wurm und ein schwüler Ostwind sich vereinen könnten, um ein Werk Gottes zu tun? Aber so war es tatsächlich. Gross und klein sind eigentlich nur menschliche Vorstellungen. Gott kann die Menge der Sterne zählen und gleichzeitig von einem Sperling Notiz nehmen, der auf die Erde fällt. Er macht den heulenden Sturm zum Wegbereiter und ein zerbrochenes Herz zu seiner Wohnung. Für Gott ist nichts «gross» oder «klein».

Fazit

Wir wollen nichts als bedeutungslos ansehen, denn Gott ist in allem. Wir sind vielleicht in die gleichen Situationen versetzt und begegnen denselben Prüfungen wie andere Menschen, aber wir dürfen sie nicht nach den gleichen Grundsätzen deuten. Es gilt, im gewöhnlichsten wie auch im wichtigsten Erlebnis eines Tages die Stimme Gottes zu hören und seine Absicht zu erkennen.

Der Teufel will uns den Trost dieser Tatsache rauben. Er möchte uns einreden, an unseren alltäglichen Umständen sei doch nichts Besonderes, das alles ereigne sich auch bei anderen Menschen. Aber wir dürfen ihm kein Gehör schenken, sondern müssen das Bewusstsein dieser Wahrheit jeden Morgen auffrischen: *Gott ist in allem!* Die Sonne, die in majestätischem Glanz am Himmel steht, und der Wurm, der auf dem Weg kriecht – beide sind von Gott geschaffen und können in der Ausführung seiner unergründlichen Absichten mitwirken.

Der einzige Mensch auf der Erde, der sich dieser wertvollen und wichtigen Tatsache immer bewusst blieb, war unser Herr Jesus. In allem sah Er die Hand des Vaters. Das zeigte sich besonders deutlich in der Zeit seiner tiefsten Leiden. Mit den Worten: «Den Kelch, den mir der Vater gegeben hat, soll ich den nicht trinken?», zeigte Er seine Überzeugung: *Gott ist in allem!*